Gedichte der Liebe

Renate Rossmann

Gedichte der Liebe

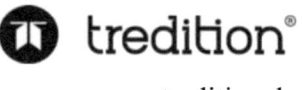

www.tredition.de

© 2011 Renate Rossmann
Umschlaggestaltung: Vanessa Frezza
Titelbild: Need Direction Jesus is the way John 14:6, © Leah-Anne Thompson, Fotolia.com
Foto: Matthias Schuster
Lektorat, Satz: Tamara Pirschalawa
Quellennachweis Bibelstellen: Scofield Bibel. Revidierte Elberfelder Übersetzung, 6. Auflage 2001, 1992, Brockhaus Verlag Wuppertal
Verlag: tredition GmbH
ISBN: 978-3-8424-0085-6

Printed in Germany

Das Werk, einschließlich seiner Teile, ist urheberrechtlich geschützt. Jede Verwertung ist ohne Zustimmung des Verlages und des Autors unzulässig. Dies gilt insbesondere für die elektronische oder sonstige Vervielfältigung, Übersetzung, Verbreitung und öffentliche Zugänglichmachung.

Inhaltsverzeichnis

Vorwort 9
Einleitung 10
Heimat der Seele 12
Himmel über der Erde 13
Himmel und Erde 14
Immerwährendes Grün 15
Inspirationen 16
Jerusalem 17
Josef und seine Brüder 18
Jubel der Schöpfung 20
König Belsazar 22
Kreuz Jesu 23
Kriege allezeit 25
Kalte Herzen 26
Kinder des Todes 27
Kommt wieder Menschenkinder 29
Königskinder 30
Lobgesang 32
Liebe und Leid 33
Liebe und Sünde 34
Laue Herzen 35
Lebenszentren 37
Mensch und Meer 38
Morgenröte 40
Mauern von Städten 41
Menschenwille 42
Moral von Menschen 43
Menschensohn 44
Mantel des Bösen 45
Neues Leben 46
Patriarchen 47
Perlen und Gold 48
Pharaonen 49
Philosophenschule 51
Priesterseelen 53

Profiler	54
Regen und Wind	56
Reisen zum Ende der Welt	57
Rausch der Sinne	58
Riesen	59
Schuld und Sühne	61
Seine Majestät der Mensch	63
Silas	65
Sterne ohne Zahl	67
Salomo	68
Schätze dieser Erde	69
Sonne, Mond und Sterne	70
Strudel der Seele	71
Sumpf der Träume	72
Samen unseres Gottes	73
Sanfte Verführung	74
Schrei der Seelen	75
Stimme des Herrn	77
Spiegelbilder	78
Strafe und Belohnung	79
Strebende Gedanken	80
Tanzen zur Musik	81
Tore Jerusalems	82
Trauer Jesu	83
Träume	84
Treue unseres Gottes	85
Tropfen auf dem Stein	86
Umkehr – wohin?	88
Unschuld des Lebens	89
Unser Vater	90
Versprechen von Menschen	91
Verirrung in Religionen	92
Volk Gottes	93
Vollkommenheit des Menschen	94
Vater der Lüge	95
Väter und Söhne	97
Vergeben und Vergessen	98
Verirrung in der Wüste	100

Viren	101
Wasser des Lebens	103
Wasser im Fluss	105
Wissen und Macht	107
Wissen der Welt	109
Wolken ohne Wasser	111
Weinen und Lachen	112
Wo warst du Gott?	113
Worte der Propheten	115
Waffen zu Pflugscharen	116
Wege des Herrn	117
Wettlauf der Völker	118
Worte im Gebet	119
Worte über Worte	120
Werden wie Götter	121
Wisset ihr nicht?	123
Wegbereiter	125
Werke des Allerhöchsten	127
Wissen und Offenbarung	129
Worte aus dem Feuer	131
Worte ewigen Lebens	133
Würde des Menschen	134

Vorwort

Die vorliegenden Gedichte sind meinem geliebten Enkelkind Silas gewidmet, von dem wir uns im Februar 2007, nur wenige Tage vor seinem dritten Geburtstag, viel zu früh verabschieden mussten. Meine Gedanken gehen hin zu allen Eltern und Verwandten, die das gleiche Schicksal erlitten haben und irgendwo auf der Welt an jedem neuen Tag erleiden, und ich möchte ihnen die „Gedichte der Liebe" übermitteln. Es handelt sich hierbei um Gedichte, die in der Erkenntnis der Liebe Gottes zu uns Menschen entstanden sind und die dem Menschen durch Sein Wort offenbart ist durch das Kreuz.

Ich wünsche von Herzen, dass der Leser diese Liebe auch während der Lektüre durch Seinen Geist erfahren möge.

Einleitung

Das vorliegende Gedicht möge einen Hinweis bilden zu dem Wort der BIBEL, welches durch das unten angeführte Buch erstmalig und unwiderlegbar in Erscheinung tritt als das inspirierte Wort unseres Gottes, erschienen unter dem Titel „Erstaunliche neue Entdeckungen", mit dem Untertitel „Wissenschaftliche Beweise für die göttliche Inspiration der Bibel", HEIJKOOP-VERLAG

Göttliche Inspiration

Sollte Gott wirklich gesagt haben?
Folgenschwere Frage des Bösen den Lauf
Der Geschichte des Menschen begleitet, und
So klingt es noch heute, in fragenden Herzen
Aller Zeiten.

Himmel und Hölle, verbannt mit Vehemenz
Aus Wortschatz und Gedanken, jedoch als Wahrheit
In Erscheinung treten durch manches, urplötzlich
Sich ereignende Geschick.

Tod man es nennt, was uns trennt von beidem,
Und ein Balanceakt es ist, sich für den Unglauben
Zu entscheiden, da das Dunkel der uralten Macht
Einen jeden Menschen am Ende ereilt.

Fragen nach Wissenschaft und Disziplin der
Gedanken, wohl dem, der sich führen lässt, um zu
Suchen nach Wahrheit und Grund dessen,
Der sich durch Sein Wort hat verbürgt.

Die Zahl sieben in unendlichen Kombinationen
Im Wort unseres Gottes wie das Wasserzeichen

In Geldscheinen verborgen ist und als Beweis
Seiner Wahrhaftigkeit durch jeden Buchstaben dem
Fragenden Menschen sich schließlich enthüllt.

Ewiges Geschick durch Glaube oder Unglaube
Wird bestimmt, darum in Wahrheit „Erstaunliche
Neue Entdeckungen" es sind, die auf jeden
Menschen wie eine sichere Leitung auf dem
Weg zum ewigen Leben warten!

1. Mose 3,1

Heimat der Seele

Wahre Liebe zwischen Menschen
das Höchste der Gefühle ist, und tief
verbunden in Freude und Harmonie
sie sich wünschen, zu gehen gemeinsam
durch alle Zeit ihres Lebens

Empfinden von tiefster Verbundenheit
im Herzen und Geist selbst über Kontinente
hinweg sie verspüren

Unfassbar die Kraft des Herzens und des
Geistes sind, und ein Abglanz von dem,
was für jeden Menschen ist bereit

Denn Gott selbst, als Schöpfer aller
Liebe, den innersten Platz des Lebens
nimmt ein, wenn der Mensch es erlaubt
und Gefühle von Heimat und Geborgenheit
der Seele ihm stellen sich ein

Römer 5,5
Hoffnung aber lässt nicht zu Schanden werden;
denn die Liebe Gottes ist ausgegossen
in unser Herz durch den heiligen Geist,
welcher uns gegeben ist.

Himmel über der Erde

Blauer Planet Erde, in Herrlichkeit
der leuchtenden Sonne er strahlt
und Astronauten in Ehrfurcht verspüren
im Herzen die Göttliche Majestät

Weit über den Wolken in unfassbarer
Stille sie schweben, um zu ziehen in
Ihm ihre Bahn

Große Gedanken sich formten im Laufe
von vielen Generationen, um sich zu
verdichten zum Flug in Raketen

Wie viel größer und umfassender darum
die Gedanken unseres Schöpfers müssen
sein, da kumulierte Kraft im Geist des
Menschen immer nur innerhalb Seiner
Grenzen sich bewegen kann

Psalm 92,6-7
6. Herr, wie sind deine Werke so groß! Deine
Gedanken sind so sehr tief.
7. Ein Törichter glaubt das nicht,
und ein Narr
achtet solches nicht.

Himmel und Erde

Himmel und Erde sich jeden Tag
berühren, denn wie der Wind geht
über den Planeten in Säuseln und
heftigem Wehen,
millionenfach Gebete und Choräle
in das Heiligtum unseres Gottes
steigen, um Not und Lobpreis
Seiner Kinder vor Ihm zu offenbaren

Und wie der Regen benetzt die
trockene Erde, sodass zu sprießen
vermag das neue Leben,
der Geist unseres Gottes die Seelen
und Geister der Menschen erreicht,
um Wasser und Speise durch Sein
Wort ihnen darzureichen

1. Korinther 10,3-4
3. Und haben alle einerlei geistliche
Speise gegessen
4. Und haben alle einerlei
geistlichen Trank getrunken;
sie tranken aber von dem geistlichen Fels,
der mitfolgte, welcher war Christus.

Immerwährendes Grün

Herrlicher Teppich in sattem Grün
bedeckt die Erde, wohin ich sehe.

Überlagert der Sinn, nicht fragend
woher? – Oft nur zerstörend durchzieht
der Mensch diese Welt.

Kühles Kalkül und Gewinn,
nicht glaubend, dass alles ihm nur ist
geliehen!

Wachstum – die Kraft aus dem Geist des
Ewigen und Seiner Gedanken nur ist!

Fotosynthese – wohl erklärend das Wort,
sich lagert als Wissen in mir.

Doch Staunen erfasst immer neu
meine Seele, denn wie könnte ich es in
Wahrheit verstehen?

Psalm 147,8-11
8. Der den Himmel mit Wolken verdeckt und gibt
Regen auf Erden;
der Gras auf Bergen wachsen lässt;
9. Der dem Vieh sein Futter gibt, den jungen
Raben, die ihn anrufen.
10. Er hat nicht Lust an der Stärke des Rosses,
noch Gefallen an eines Mannes Schenkeln.
11. Der Herr hat Gefallen an denen,
die ihn fürchten, die auf seine Güte hoffen.

Inspirationen

Wunderbare Inspirationen den Menschen
begleiten seit Anfang des Lebens in
dieser Welt, weil der Geist aller Schöpfung
sich lagert auch in den irdischen Sphären

Und wie die Luft in die Lungen zum Atmen
eindringt, Seine Weisheit und Kraft sich Bahn
verschaffen zu dem innersten Wesen des
Menschen

Doch Inspiration aus Seinem Geist auch
die eine, göttliche Ordnung in sich trägt,
geoffenbart uns durch Sein Wort,
die allein den Menschen befähigt, die
Gesetze aller Schöpfung zu erfassen

Unsagbar hoch die Kreativität aus Seinem
Geiste den Menschen erhebt, und wie
in gewaltiger Kumulation Er sich
Seinem Volk seit Jahrtausenden in dieser
Welt offenbart,
sodass wir uns heute in Flugzeugen
und Raketen in die Lüfte erheben
und nicht nur im Geiste wie auf
Teppichen schweben

2. Mose 31,3
Und habe ihn erfüllt mit dem Geist Gottes,
mit Weisheit und Verstand
und Erkenntnis
und mit allerlei
Geschicklichkeit.

Jerusalem

Stadt auf dem Hügel
Sanft und weit
Der Schatten von Vergangenheit
Liegt auf dir
Sehnsucht der Herzen treibt
Zurück dein Volk aus
Unendlichen Schmerzen

Lufthauch sich bricht an der
Mauer der Klage, und fest
Der Blick des Menschen,
Der weiß um dein großes
Geschick

Jerusalem – Stadt der Schmerzen,
Jedoch die Hoffnung dich trägt,
Sodass Ströme des Segens von
Oben her fließend deine Kinder erhalten

Rose der Völker, auch du warst
Verirrt; doch der, welcher die
Mauern erbaut hat, dich
Heute noch umgibt.

Hosea 14,6-7
6. Ich will Israel wie ein Tau sein, dass er soll
blühen wie eine Rose,
und seine Wurzeln sollen ausschlagen
wie der Libanon
7. und seine Zweige sich ausbreiten, dass er
sei so schön wie ein Ölbaum,
und soll so guten Geruch geben
wie der Libanon.

Josef und seine Brüder

Herrliche Träume und Visionen
sich in der Nacht dir nahen,
und du fragst dich, wie verzaubert
noch von allem wunderbaren
Geschehen,
ob es möglich sei auch für dich,
sodass du dich zu erheben vermögest
über dein armes Leben

Herrliche Schöpferkraft, an alles
hast du gedacht, um den Menschen
zu erfreuen, und so wie Josef
einst unter seinen Brüdern,
auch du bist erwählt, um zu
orientieren dich an mancherlei
Träumen

Erstaunen und Verwunderung in
die Seele fließt, wenn sie erkennt
die Macht, die in ihr wirkt, um
zu verwirklichen alles das, was
ihr als Träume wurde gegeben

Geheimnisvolle Kraft sie in sich spürt,
und gebunden an großen Glauben
der Ewige Geist sie nun führt

Herrliche Träume, so wie im Leben
Josefs einst, auch dein Herz
erfüllen möge, sodass du befähigt
seiest, zu verwirklichen die
Pläne des Allerhöchsten

1. Mose 37,5
Dazu hatte Joseph einmal einen Traum
und sagte seinen Brüdern davon;
da wurden sie ihm noch feinder.

Jubel der Schöpfung

Herrlicher Duft von Blüten
in schönster Couleur

Melodisches Zwitschern von
Vögeln begrüßt den neuen Tag

Kühl und sanft er sich naht,
um zu locken das Reh zum nassen
Grün von Gras

Sonnenstrahlen durchdringen
das Blätterdach des Waldes,
und die Menschen noch schlafen
in Häusern, wie versunken in
anderen Sphären und Dimensionen

Traumwelten sich verschließen
und das Bewusstsein wiederkehrt,
um sich zu drehen im stofflichen
Sein

Endlos das Leben der Jugend
erscheint, und wie ein Rausch es
für manchen ist,
weil Geschwindigkeit und Unrast ihm
nicht gestatten, zu suchen nach
mehr

Bilder in Gedanken von schillernder
Pracht, meist nur zu realisieren
durch Geld und seine Macht

Und Weisheit sich bietet dem Menschen
oft vergeblich an

Zerrbilder des Lebens in dieser Welt
sich zeigen, wenn wir nicht fragen
nach Wahrheit und Sinn unserer Tage
in dieser endlichen Welt

Sprüche 13,10
Weisheit ist bei denen,
die sich raten lassen

König Belsazar

Donnernde Wagen und
Glänzende Speere im Sonnenlicht –
Schreckhafte Soldaten hattest du nicht!

Belsazar, dein Name ist groß
Und tönt aus dem Dunkel der Zeiten

Was trieb dein Herz – und was deinen
Sinn, bis zu jenem Tag, als du kreidebleich
Die Wahrheit deines Lebens empfingst?

Mene Tekel, Upharsin, so klingt es
Immer noch, denn der Geist der
Es schrieb an die Wand, leitet den
Lauf dieser Welt auch heute!

Daniel 5,5
Eben zur selben Stunde gingen hervor
Finger wie einer Menschenhand;
die schrieben, gegenüber
dem Leuchter, auf die getünchte
Wand in dem königlichen Saal;
und der König ward gewahr
der Hand, die da schrieb.

Kreuz Jesu

Erschüttert im Geist mit deinen Dienern
ich fliege durch Raum und Zeit
in Majestät und Kraft des
Ewigen Geistes,
der keine Grenzen kennt.

Jerusalem, die Stadt unseres Schöpfers
und Stätte des Grauens an jenem
Tag vor langer Zeit,
als geistiges Zentrum aller Völker
gegründet und
erbaut – im Blick auf Erlösung
von allem Bösen,
geplant für alle Menschen aller Zeiten.

Der Geist uns führt in die Straßen der Stadt,
zu dicht gedrängten, in böser Spannung
verharrenden Massen
und mit Schaudern vernehmend das Lärmen
der Stimmen,
die gleich betäubenden, üblen Schwaden
von Rauch
und strömend aus tiefstem Schlund
der Hölle die Stätte des großen Königs erfüllen.

Verkrustetes Blut und Rinnsale,
bei jedem
Herzschlag aus Wunden durch Dornen
der Krone quellen
und Tränen das Antlitz des Schöpfers benetzen,
erschütternder Schrei beim Schlagen
der Nägel durch Füße und Hände
die Luft über der Stadt zum
Zerreißen bringt.
Und tiefe Finsternis im Grollen

und Beben der Erde
im Anschluss den Fluch
aller Sünde offenbart.

Golgatha – Stätte des Fluchs und Stätte
der Gnade,
heißes Verlangen und strebend sich
zu vereinen, im Blut
Jesu Christi zur Erlösung sich finden,
Lasten der Seelen sich lösen nur dort
an dem Ort
der grausamsten Qualen.

Römer 3,25-26
25. Ihn hat Gott hingestellt als einen Sühneort
durch den Glauben an sein Blut zum Erweis s
einer Gerechtigkeit wegen des Hingehenlassens
der vorher geschehenen Sünden
26. unter der Nachsicht Gottes, zum Erweis
seiner Gerechtigkeit in der jetzigen Zeit,
dass er gerecht sei und den rechtfertige,
der des Glaubens an Jesus ist.

Kriege allezeit

Geist des Krieges die Welt
Durchzieht, wie der Wind,
Der als Sturm sich entlädt.

Geboren aus Hass, der von
Misstrauen genährt, um zu
Verzerren das Antlitz der Erde.

Wo ist der Ursprung endloser
Qualen, der Friedliebende die
Frage erhebt.

Die Antwort er sich so manches
Mal selber gibt, im Entladen
Der eigenen inneren Qualen.

Quellen der Wasser, bitter oder
Süß, der Einzelne – ob Staatsmann
Oder nicht – die Wahl hat zu
Entscheiden.

Denn sprudeln wollen sie
Immerzu – beide!

Jakobus 4,1
Woher kommt Streit und Krieg unter euch?
Kommt's nicht daher: aus euren
Wollüsten, die da streiten
in euren Gliedern?

Kalte Herzen

Beängstigend das Wesen des Menschen
ist, und nicht sichtbar so oft,
die Bestie sich hinter den schönsten
Masken verbirgt.

Unfassbar grausam es sich zeigt,
im Schänden und Morden sogar des
kindlichen Lebens,
und getrieben aus Tiefen des Innersten
heraus, der Täter sich ebenso wenig
zu wehren weiß.

Das Böse zu analysieren, um es
hinwegzudiskutieren, wie töricht
der Versuch,
und Worte des Lebendigen Gottes,
zur Warnung gegeben, der Mensch
nicht will hören.

Christus – der als „Sohn Gottes"
erschienen ist, um die Werke des
Teufels zu zerstören,
klare Worte es sind – geschrieben
und wirksam zum Schutz auch
unserer Seelen und Leben.

1. Johannes 3,8
Wer Sünde tut, der ist vom Teufel;
Denn der Teufel
sündigt von Anfang.
Dazu ist erschienen der
Sohn Gottes,
dass er die Werke des
Teufels zerstöre.

Kinder des Todes

Keime des Todes sich finden
überall, denn überschattet von
ihrer dunklen Macht wir alle sind
in unserem Sein.

Geburt und frühes Leben in
Unwissenheit – umringt wir bereits
sind von Spuren der Krankheit
und inneren Nöten.

Wie schleichend und vergleichbar
der Ausgeburt unreiner Herzen,
so manches Kind wird kontaminiert
von Sünde, die durch Taten von
Missbrauch das junge Leben ruiniert.

Verletzte Seelen, verstrickt in
Zweifeln und quälender Not,
voller Unruhe die Herzen sich
sehnen so manches Mal nach
Befreiung im Tod.

Heilung der Seelen, kein Mensch
davon spricht – und in Manövern
von Täuschung und Lüge die
Wahrheit des Lebens sich mehr
und mehr verwischt.

Gut und Böse in dieser Welt – wie
im Kampf um unser Leben sie sind,
und Rettung wir finden vor der
Macht, die uns mit Bosheit umringt,
in dem Einen Gott – der uns durch
Jesus Christus das wahre Leben
und ganze Heilung bringt!

Psalm 107,14
Und führte sie aus Finsternis und
Dunkel und zerriss
ihre Bande.

Kommt wieder Menschenkinder

Helle Freude erfüllt das Herz des Kindes
und voller Eifer es bewegt den bunten
Kreisel vor sich her,
sodass im Drehen und Schwingen die
Töne brummen und endlich beginnen
zu singen.

Wie Kreisel sich unser Leben dreht ebenso
um uns selbst, und nur der Vater im
Himmel erkennt die Töne und Lieder
unseres Lebens.
Und Er spricht am Ende unserer Tage:
„Kommt wieder Menschenkinder."

Doch wie können sich öffnen die
Perlentore der Stadt unseres Gottes für
Menschen, die niemals im Leben sich
haben um Seine Wahrheit bemüht?
Und die in bösen und ungläubigen Herzen
in dieser Welt gelebt?

Wie Kreisel sie sich würden bewegen
dort mit schaurigem Lärm und grausigem
Gequietsche, wenn nicht die Tore der
Stadt unseres Gottes vor solchen
Herzen verschlossen blieben.

Offenbarung 22,14-15
14. Selig sind, die seine Gebote halten, auf dass sie
Macht haben an dem Holz des Lebens
und zu den Toren eingehen in die Stadt.
15. Denn draußen sind die Hunde
und die Zauberer und die Hurer
und die Totschläger und die Abgöttischen
und alle, die lieb haben und tun die Lüge.

Königskinder

Kleine Mädchen voller Fantasie
von Prinzen und Prinzessinnen träumen
und mit Blüten und feinen Stoffen sie
sich gerne schmücken und verkleiden

Prinzen und Prinzessinnen in herrlichen
Schlössern zu Hause sind und ihr Leben
wie Träume in den Herzen von vielen
Menschen sich befinden,
und voller Erstaunen so mancher sich
fragt, warum dieser Traum auf der ganzen
Welt wird geträumt

Königskinder wir von Anfang an gewesen
sind, denn majestätisch der Schöpfer
des Himmels und der Erde ist, und mit ihm alles,
was er von Anbeginn erschuf

Verloren die Königswürde Seiner Kinder,
als die Sünde des Ungehorsams kam in
diese Welt, und möglich wurde
die Freiheit von ihrem Fluch erst dann,
als Jesus Christus erschien,
um in Gehorsam den Willen
des Vaters zu erfüllen

Königskinder darum die Menschen wieder
zu werden vermögen, indem sie sich beugen
vor ihrem Gott, der blutend am Kreuz hat
bezahlt alle Schuld, die sich als Trennung
zwischen Gott und Geschöpf hat einst gestellt

Charakter und Wesen Gottes in
geheimnisvoller Macht sodann sich beginnen
zu formen neu im Geschöpf,

und wiedergeboren als Königskind der
Mensch vor Ihm sich selbst im
Geiste erkennt

Johannes 1,12
Wie viele ihn aber aufnahmen, denen
gab er Macht,
Gottes Kinder zu werden, die an seinen
Namen glauben.

Lobgesang

Singen und Loben die Seele
Erhebt, und wohltuend sich
Verbreitet ihr Wirken

Das Kind im Mutterleibe sich
Dreht nach angenehmen Klängen
Und Weisen

Köstliche Früchte gedeihen zur
Pracht, wenn sanfter Klang von
Musik wie rieselndes Wasser
Sich verströmt

Harmonie und Vollkommenheit
Trägt unsere Welt
Und jeder fröhliche Klang auch
Deiner Stimme ebensolche Früchte in
Deinem Leben wirken lässt

Apostelgeschichte 2,25-26
25. Denn David spricht von ihm:
Ich habe den Herrn allezeit vorgesetzt
vor mein Angesicht; denn er ist an
meiner Rechten,
auf dass ich nicht bewegt werde.
26. Darum ist mein Herz fröhlich,
und meine Zunge freuet sich;
denn auch mein Fleisch wird
ruhen in der Hoffnung.

Liebe und Leid

Tief und innig die menschliche
Liebe ist und unbegreiflich das
Einmalige Empfinden

Das Lächeln des Mundes und die
Form von Augen bei manchen es
Sind, die vom Liebenden werden
Als heilig und wunderbar empfunden

Kein anderes Wesen kommt dem
Geliebten Menschen gleich, denn nur
Einmal es ihn gibt in dieser Welt

Und Zittern das Herz erfassen will
Bei dem Gedanken an den Verlust
Und Herzeleid

Die Liebe des Menschen aus
Unfassbaren Quellen des Herzens
Entspringt, und nur das eigene Ich
Ihren einmaligen Wert erkennt

Kein Geld und Gut dieser Welt den
Ersatz der verlorenen Liebe bringen
Und überwinden den Verlust, nur
Der Urgrund aller Liebe zu wirken vermag

Hohelied 8,6
Setze mich wie ein Siegel auf dein
Herz und wie
ein Siegel auf deinen Arm.
Denn Liebe ist stark wie der Tod,
und ihr Eifer ist fest wie die Hölle,
Ihre Glut ist feurig und eine
Flamme des Herrn.

Liebe und Sünde

Freie Liebe und Toleranz – viel es hat
gekostet im Kampf über Generationen

Freiheit zu töten die Frucht der Liebe –
ein Widerspruch in sich selbst – doch
schreiend und wütend erheben viele
die üble Parole

Freiheit über alles und Toleranz,
gnadenlos praktiziert, und zufrieden
mit sich selbst nun scheint der Mensch
der neuen Generation

Doch vorsichtig möchte so mancher
den souveränen Menschen fragen, ob
er nicht auch dem Ewigen Gott die
Freiheit zugestehen mag

Sich zu halten an Seine Ordnung
die Er durch Seine Gebote ebenfalls
seit uralten Zeiten vertrat

Zorn und Vehemenz auf beiden Seiten –
so stehen sich Bollwerke des Geistes
gegenüber, und keine von beiden
Parteien jemals die Waffen wird
niederlegen

Psalm 34,22
Den Gottlosen wird das Unglück töten,
und die den Gerechten hassen,
werden Schuld haben.

Laue Herzen

Freudig und stolz so manche Mutter
ihr Kind zum ersten Mal zur Schule
bringt

und voller Ehrgeiz im Herzen eine
verheißungsvolle Zukunft sie erblickt,
denn Begabung in höchstem Maße ihr
Kind ganz gewiss in sich trägt

Mühsam und steinig dennoch der Weg
in das Leben sich zeigt, weil hoher
Einsatz an Kraft und Konzentration
wird verlangt, sodass Unlust und Lauheit
des Herzens sich manches Mal zeigt

Wachstum und Reife das Kind dann
erfährt, und manche Turbulenz es im
Herzen trägt, weil so viele Dinge
des Lebens in das Innerste strömen

Und Gedanken sich suchen zu zerstreuen,
um endlich Ruhe von allen Lasten des
jungen Lebens zu finden

Komplex und schwierig ist Leben in
unserer Zeit, denn viele Kinder werden
im Herzen erstickt von gewaltigen Fluten,
die jeden Tag auf uns alle stürzen ein,
und nur die festen Herzen auf Dauer
werden bestehen

Matthäus 12,20
Das zerstoßene Rohr wird er nicht
zerbrechen, und den glimmenden
Docht wird er nicht auslöschen,
bis dass er ausführe das
Gericht zum Sieg.

Lebenszentren

Menschliches Leben
eine Folge vieler Bewegungen ist
und wie im Wandern durch
endlose Momente
im Warten auf die wahre Bedeutung
unseres Seins wir die Zeit verbringen

Kern unserer Existenz ist Zentrum
von Kraft für den Menschen,
wenn er Ursprung und Quelle
seines vergehenden Lebens
im Glauben an seinen Schöpfer
findet

Römer 9,16
So liegt es nun nicht an jemandes
Wollen oder Laufen,
sondern an Gottes Erbarmen

Mensch und Meer

Rauschende Feste und strahlender
Blick im Lauschen der Klänge
Beschwingter Musik

Gedanken ganz frei, die Seele
Baumelnd in Kraft junger Liebe,
Wärmend geschützt auch das Herz
In jener kalten Winternacht

Die Stille man plötzlich mit
Schaudern vernimmt,
Stille, die sich legt mit
Unheimlicher Macht auf
Herzen und Gemüter

Schrillen der Glocken und
Stimmengewirr,
Schnell und ohne Warnung
Dreht sich oft das Geschick

Verzweifeltes Ringen vor dem
Grauen der Tiefe
Ein Bild nur für den Abgrund
Der Seele ist

Geschäftiges Treiben, verzweifelte
Suche nach Glück
Fallen in Tiefen des Todes – wohin?

Aus und vorbei
Wie im Schlaf versinken? – Nein,
Denn tief drinnen, verborgen im
Wissen des Herzens,
Die Ahnung von Ewigem Leben
Sich in jedem Menschen findet

Matthäus 22,31-32
31. Habt ihr aber nicht gelesen von der
Toten Auferstehung,
was euch gesagt ist von Gott,
der da spricht:
32. „Ich bin der Gott Abrahams und der
Gott Isaaks und der Gott Jakobs"?
Gott aber ist nicht ein Gott der Toten,
sondern der Lebendigen.

Morgenröte

Ein neuer Tag erwacht
Und der Hauch sanfter Röte
Sich legt über alle Kreatur

Zeichen göttlicher Gegenwart,
Die sich offenbart?
Wohl dem Menschen,
Der danach fragt

Psalm 139,9-10
9. Nähme ich Flügel der Morgenröte und
bliebe am äußersten Meer,
10. So würde mich doch deine
Hand daselbst führen
und deine Rechte mich halten.

Mauern von Städten

Schützend und wehrend die Mauern
Von Städten sind gewesen – Fremde
Und Feinde sie vermochten nicht
Einfach zu betreten, und
Kontrolle an den Toren der
Städte geschah

Eine Stadt, von Gott selbst erbaut,
In anderen Sphären sich befindet –
Wunderbar
Beschrieben in dem
Ewigen Wort

Und Mauern aus Edelsteinen sie
Umgeben, Straßen aus Gold und
Aus Perlen die Tore

Doch auch hier, kein Fremder
Und kein
Feind des Ewigen Gottes die Stadt
Betreten wird, sondern nur
Der verwandelte
Mensch im Wesen seines
Erneuerten Lebens

Offenbarung 21,27
Und es wird nicht hineingehen irgendein
Gemeines und das da Gräuel tut und Lüge,
sondern die geschrieben sind in dem
Lebensbuch des Lammes.

Menschenwille

„Des Menschen Wille ist sein
Himmelreich!" – so sagt es ein
Wort dieser Welt

Und so findet sich die Wahrheit
Dieser Worte im Leben des Einzelnen,
Der in souveränem Geiste sich
Daran hält

„Ich will" – es klingt und
„Ich werde es tun!"
Und nur darum es immer wieder
Geschieht, dass die Pläne von
Menschen müssen vergehen,
Weil die Masse der anderen
Ebenso wenig fragt, was für den
Nächsten ist gut und angenehm!

Römer 13,10
Die Liebe tut dem Nächsten nichts Böses.
So ist nun die Liebe
des Gesetzes Erfüllung.

Moral von Menschen

Wüst und leer wird das Herz des
Menschen ohne Moral, und mit
Entsetzen so mancher sich hinter
Gittern wiederfindet mit dem Gedanken,
Dass er doch nichts Schlimmes
Habe getan

Moral ist, was dem Menschen nützlich
Und erstrebenswert erscheint, denn
Wahrheit wird Wahrheit bleiben
Und Lüge sich vor ihr immer verbeugen
Muss bis zum Ende aller Zeiten

1. Petrus 4,3
Denn es ist genug, dass wir die vergangene Zeit
des Lebens zugebracht haben nach
heidnischem Willen,
da wir wandelten in Unzucht,
Lüsten, Trunkenheit, Fresserei, Sauferei
und gräulichen Abgöttereien

Menschensohn

Modelle von Menschen sind uns vor
Augen gestellt, und als Maßstab die
Vollkommenheit ihres Leibes und
ganzen Lebens gilt

Nicht nur die schönsten Menschen es
jedoch sind, und in täuschendem Licht sie
sich uns oft präsentieren,
und Wunschträumen gleich, ihre Bilder
in den Köpfen von Millionen als Ideale
sich manifestieren

Schönheit – der Traum des Menschen
unserer Zeit, doch von Güte keiner
spricht, da diese sich meist ausschließlich
in gesättigten Konten und idealen Maßen
erschöpft

Jesus Christus einst kam in diese Welt
als der Vollkommene unter den Menschen,
doch Sein Maßstab heute nicht oft
Beachtung findet,
da nur den Verkauf des eigenen Wesens an
Geld und schönen Schein die Herzen
von vielen Menschen erstreben

Johannes 1,14
Und das Wort ward Fleisch und wohnte unter uns,
und wir sahen seine Herrlichkeit,
eine Herrlichkeit als des eingeborenen Sohnes
vom Vater, voller Gnade und Wahrheit

Mantel des Bösen

Drohendes Rasseln der Ketten
von Panzern, Trampeln von Stiefeln
erschreckten die Massen,
und dennoch sie schrien „Heil"

Hass und Verderben durchzogen
die Welt, und in Illusionen wir
uns wiegen, wenn wir nicht glauben,
dass Dämonen es sind gewesen,
die damals wie heute die Herzen und
Sinne der Menschen zertreten

Teuflisches Organisieren und
Kontrollieren vor unseren Augen
geschehen, und die Saat des Bösen
immer noch sprießt,
um wiederum zu überziehen diese
Welt mit Blut, in Tränen und Schmerz

Wohlstand und glitzernde Fassaden
nicht vermögen lange zu täuschen,
wenn in Familien die Liebe stirbt
und schleichende Angst vor dem
Morgen die Herzen erfüllt

Jesaja 60,2
Denn siehe, Finsternis bedeckt das Erdreich
und Dunkel die Völker;
aber über dir geht auf der Herr,
und seine Herrlichkeit erscheint über dir.

Neues Leben

Friede und Liebe beginnen zu überströmen
das Herz aus geheimnisvollen Sphären,
wenn Menschen sich bereiten, in
Jesus Christus ihrem
Gott zu begegnen

Unfassbare Kraft von nun an das ganze Sein
durchdringt und umschließt, und voller
Verwunderung der Mensch es dann fühlt,
dass innigstes Vertrauen ihm
ist geschenkt

Freiheit sich plötzlich verbreitet in ihm,
und wie Knoten sich lösen die größten
Probleme, und in tiefstem Erstaunen das
menschliche Herz erkennt, dass
Jesus Christus
allein ist Weg, Wahrheit und Leben

Römer 5,5
Hoffnung aber lässt nicht zu
Schanden werden; denn die Liebe
Gottes ist ausgegossen in
unser Herz durch den heiligen
Geist, welcher uns gegeben ist.

Patriarchen

Geist der Patriarchen auch
heute noch Sinn und Herz
so manches Menschen erfüllt,
denn von machtvoller Bedeutung
er war von Anbeginn

Als Spuren dieser vorhanden ist
in Männern aller Zeiten,
doch wenige nur das Ziel
von wahrer Größe erreichen!

Frage nach Gott – dies immer noch
die wahre Bedeutung im Leben ist,
weil aus der Antwort Heil und
Segen für Generationen fließen

Nicht das Wissen und zerstörendes
Wirken böser Magnaten,
sondern gütige Herzen an der
wahren Bestimmung der
Menschheit mittragen!

1. Mose 19,29
Und es geschah, da Gott die Städte
in der Gegend verderbte, gedachte
er an Abraham und geleitete Lot
aus den Städten, die er umkehrte,
darin Lot wohnte.

Perlen und Gold

Geheimnisvoll ihr Entstehen
Im Verborgenen geschieht
Und Sehnsucht nicht nur im
Herzen der Frau entsteht

Herrlich glänzend der Schein,
Sich schmiegend sanft in der Hände
Zärtlichem Griff – und doch:
Perlen und Gold erheben die Sinne
Und scheiden die Geister

Da nicht nur Schönheit uns
Fasziniert, sondern tief drinnen
Erwachen so manches Mal
Gefühle von triebhafter Gier!

Protzend und prahlend der Eine sich
Schmückt, und voll inniger Zartheit
Und Erinnerung der Blick, wenn
Der Gedanke an Liebe und Treue den
Anderen beglückt

Psalm 94,3-4
3. Herr, wie lange sollen die Gottlosen,
wie lange sollen die Gottlosen prahlen
4. Und so trotzig reden und alle
Übeltäter sich so rühmen?

Pharaonen

Dynastien heißt das Zauberwort
Und erfüllt es ist mit dem Geist
Der Pharaonen

Niemand weiß, wie es möglich ist,
Zu verzaubern die Völker
Dieser Welt im Laufe von Äonen,
Denn Knechtschaft und tiefstes
Leid der böse Geist über Menschen
Brachte allezeit

Dämonen gleich der Geist der
Pharaonen die Erde erfüllt, doch
Gehemmt er ist auch heute,
Denn Gott der Herr den Herrschern
Zum Zeugnis gab die
Plagen Ägyptens
Durch einen Mann namens Mose

So wie damals es geschieht noch heute,
Dass alle Pracht in sich zusammenfällt,
Wenn nicht der Herr Gott Israels die
Herrlichkeit des
Lebens zusammenhält

Aufbegehren der Nationen im Geiste
Der Pharaonen ihn nicht zu erschüttern
Vermag, denn geschrieben es steht in dem
Ewigen Wort, dass Er ist und bleibt
Erhaben!

Lenken der Völker obliegt nur Seines Geistes
Wirken, und so wie damals gilt es
Auch heute, dass die Wagen der

Pharaonen im Kampf
Gegen Ihn
Im Meer versinken

2. Mose 14,28
Dass das Wasser wiederkam und
bedeckte Wagen und Reiter
und alle Macht des Pharao, die ihnen
nachgefolgt waren ins Meer,
dass nicht einer aus ihnen
übrigblieb.

Philosophenschule

Fülle menschlicher Gedanken,
wer ordnet sie?
Besteht sie aus Wissen um das Wesen
der Dinge oder nur als reine
Philosophie?

Sie summen und schwirren wie Bienen
umher, sich gleichsam setzend auf
Blüten, um zu befruchten in
„menschlicher Manier"!

Früchte entstehen auf vielerlei
Weise, und Krebsgeschwüren
gleich so manches Ergebnis aus
ihrer Befruchtung sich zeigt

Freiheit der Gedanken – groß ist
ihre Macht, die Herz und Leben
gestaltet, auf dieser Erde
unsicherem Pfad

Weisheit des Schöpfers in
Christus sich offenbart, und
die wahre Frucht gebiert,
wohlschmeckend und den
Zyklen des eigenen Lebens
niemals zu schwer

Weisheit der Welt und freie
Philosophie – sie führen in
Dunkelheit so manche Seele,
denn ein Name wie Nietzsche
und viele andere dieser Welt
es uns immer wieder zeigen

1. Korinther 3,20
Und abermals: Der Herr weiß der
Weisen Gedanken,
dass sie eitel sind.

Priesterseelen

Verwalter ewiger Weisheit waren
Die Priester von Anbeginn,
Verborgenes Wissen sie verwalten
Seit der Morgendämmerung
Der Völker.
Doch Wissen sie hatten aus welcher
Quelle Kraft? – So sich ein mancher
Auch heute noch fragt.

Offenbarung – geschenkt der
Menschlichen Seele zu allen Zeiten
Aus unendlicher Sphären Macht,
Doch Scheidung im Wissen und
Wirken der Lebendige Gott hat
Gebracht

Gräuel der Götter die menschliche
Seele inspiriert, und aus ihr
Stieg empor das Übel aller Zeiten.
Christus – der wahre Priester – dann
Erschien, um zu verwandeln durch
Seinen Geist den Menschen auch
Heute, zur wahren Priesterseele.

1. Petrus 2,9
Ihr aber seid das auserwählte Geschlecht,
das königliche Priestertum,
dass ihr verkündigen sollt die
Tugenden des, der euch berufen
hat von der Finsternis
zu seinem wunderbaren Licht.

Profiler

Messerscharfes Denken den Menschen
lässt entdecken und fahnden seit
uralten Zeiten

Und immer vielfältiger werden Wege
und Instrumente, um ihn zu führen
zu seinem Ziel

Als Profiler die Menschen in dieser
Welt sich befinden und oft verblüffend
ihre Schlüsse und
Entdeckungen sind

Triumphierend so oft der Böse wird
überführt anhand einer winzigen Spur.
die er selbst unwissentlich
hat gelegt

Traurig darum nur kann sich derjenige
fühlen, welcher sich müht tagaus und
tagein, um wegweisend
die herrlichen
Werke des Schöpfers Seinem Nächsten
zu zeigen, sodass dieser beginnen möge
zu folgen ihrer Spur

Doch unfassbar stur so mancher sich
wehrt mit unglaublichsten Argumenten,
gegen den Schatz, der sich ihm bietet
zum Neubeginn
seines ganzen Lebens

Römer 1,18
Denn Gottes Zorn vom Himmel wird
offenbart über alles gottlose Wesen
und Ungerechtigkeit der Menschen, die die
Wahrheit in Ungerechtigkeit aufhalten.

Regen und Wind

Göttlicher Segen durch Regen
und Wind für manchen
klingt wie die Verheißung an
Völker längst vergangener Zeiten.
Doch Fruchtbarkeit und Reichtum
er bringt auch uns bis heute.

Regen über der dürstenden Kreatur
sich ergießt in der weiten
Savanne, und Büsche und Bäume
in saftigem Grün erwachen, um zu
nähren Menschen und Vieh.

Regen aus Wolken über uns fällt,
und niemals aus der Erde Schoß.
Und wie zum Gleichnis für
die menschliche Seele es erscheint,
um zu erkennen, dass alles
Gute nicht von unten kommend,
sondern immer wieder nur von
oben sich verströmt!

Jakobus 1,17
Alle gute Gabe und alle vollkommene
Gabekommt von oben herab,
von dem Vater des Lichts, bei welchem
ist keine Veränderung
noch Wechsel des Lichts und
der Finsternis.

Reisen zum Ende der Welt

Streben des Menschen nach weit
Entfernten Ländern ihm gegeben ist,
Und in nicht immer begründeter
Hoffnung er sich begibt auf
Die Reise

Trotzend den Gefahren der unberührten
Natur er unverdrossen seinen Schlitten
Zieht – weit draußen – allein mit
Den endlosen Weiten in Dunkelheit
Und Schnee

Heulen von Wölfen in eiskalter
Nacht das Herz mit Schauern
Erfüllt, und nicht begreifend plötzlich
Das Eigene Tun, sich mancher fragt
Nach dem Sinn!

Erfahren oder überschreiten
Von Grenzen gar – ist es das, was
Gesucht? – Ewige Neugierde des
Menschen, die ihn immer wieder in
Endlose Weiten führt

Prediger 8,17
Und ich sah alle Werke Gottes, dass
ein Mensch das Werk nicht finden
kann, das unter der Sonne geschieht;
und je mehr der Mensch arbeitet
zu suchen, je weniger er findet. Wenn
er gleich spricht:
Ich bin weise und weiß es, so kann
er's doch nicht finden.

Rausch der Sinne

Leben aus zweiter Hand – so mancher
Es führt, sich fühlend wie verschlossen
Hinter Mauern aus Beton

Kein Lichtstrahl seit langem mehr in
Seine Seele dringt, und er nur noch,
Marionetten gleich, an einem bösen
Faden hängt

Fester Griff der Sucht den Alltag
Umschließt, und leise weinend in
Stiller Trauer der Mensch nur noch
Sein Leben sieht

Licht und Leben ihm jemand dann
Verheißt, doch Glaube im Herzen
Fehlt, um zu erlangen das Heil

Lang und schwer für manches Herz
Der Weg ist gewesen, doch Dank
Hilfreicher Menschen und Gebete
Er ist irgendwann vom Schaden
Seiner Seele genesen

Jesaja 61,1
Der Geist des Herrn Herrn ist
über mir, darum dass mich der
Herr gesalbt hat. Er hat mich gesandt,
den Elenden zu predigen, die
zerbrochenen Herzen zu verbinden;
zu verkündigen den Gefangenen
die Freiheit, den Gebundenen,
dass ihnen geöffnet werde.

Riesen

Zwerge und Riesen, Feen und Elfen
nicht nur die Fantasie
von Kindern beflügeln,
denn wie ein Tor zu verschlossenen
Welten sie uns erscheinen

Denn Sagen und Märchen aus dem
Ursprung dieser Welt und aller
Völker sich nähren,
und längst vergessene Gestalten
es uns bezeugen

Söhne Gottes, die zeugten als
die gefallenen Engel die Gewaltigen
der Urzeit mit den Töchtern der Menschen,
und verblüfft ist das Herz eines jeden
im Sinnen weit zurück
als Gott dennoch die Weichen stellte für alles
Geschehen Seines Planeten

Ursprung des Lebens ein Geheimnis
ist und bleiben wird, doch verlassen
wir Menschen dennoch nie geblieben sind,
da Gott, der Allgewaltige, die Völker
und Seine Schöpfung trotz allem zu
Seinen Zielen führen wird

1. Mose 6,2+4
2. Da sahen die Kinder Gottes
nach den Töchtern der Menschen,
wie sie schön waren, und nahmen
zu Weibern, welche sie wollten.
4. Denn da die Kinder Gottes
zu den Töchtern der Menschen
eingingen und sie ihnen Kinder gebaren,
wurden daraus Gewaltige in der Welt
und berühmte Männer.

Schuld und Sühne

Entschuldigung wir sagen so
manches Mal, um uns wieder in
Freiheit von Schuld zu bewegen

Denn solange wir es nicht getan,
der Beleidigte uns wird nicht
vergeben

Seltsam – doch so wahr es ist,
dass Schuld durch Worte wird meist
getilgt

Wie dieses möglich ist, wird mancher
sich fragen beim Nachdenken,
da Worte doch keine greifbaren
Dinge sind, die wir könnten geben

Darum die Antwort im Ursprung des
Seins nur zu finden ist, denn Gottes
Wort uns sagt, dass der Mensch ist
eine lebendige Seele

Schuld am Menschen ist Schuld oft
nur an seiner Seele, und Sühne und
Vergebung nur ebenso an ihr geschehen

Auferstehung Jesu in Geist gestaltetem
Leib – Ursprung und Grund unseres
Lebens, auf welchem dem Menschen
alle Schuld vor Gott nur wird
vergeben

Epheser 1,7
An welchem wir haben die Erlösung
durch sein Blut, die
Vergebung der Sünden.

Seine Majestät der Mensch

Höhnend schallt es über die Erde:
„Seine Majestät der Mensch!"
Ja, herrlich ist er einst gewesen, weil Gott ihn
erschaffen mit lauterem Sinn..

Doch lange ist es her, seit er die Unschuld verlor
und irgendwann die große
Verdrehung begann.

Kriege gab es nicht, damals im Garten,
denn Friede war gegeben
als ein ehernes Gesetz.

Fern war der Mensch von wüsten Gedanken, und der
Schöpfer hatte Gemeinschaft
mit Seinem Geschöpf.

Verdrehung lauterer Wahrheit nahm ihren
unheilvollen Lauf,
und Lüge ward plötzlich als
ebensolche verkauft!

Verwirrt und zerrissen geht sie durch die
Welt, die „Neue Majestät".

Sich selbst überlassen und fern jeder Klarheit,
sie mehr und mehr
das Leben der Seele verliert.

Pralles Leben des Leibes
mit allen Mitteln gepflegt.
Doch hinter dem Schein seiner Schönheit,
sich das Grinsen der
bösen Verirrung verbirgt!

1. Mose 1,26-27
26. Und Gott sprach: Lasset uns Menschen
machen, ein Bild, das uns gleich sei,
die da herrschen über die Fische im Meer und
über die Vögel unter dem Himmel und über
das Vieh und über die ganze Erde und über alles
Gewürm, das auf Erden kriecht.
27. Und Gott schuf den Menschen
ihm zum Bilde, zum Bilde Gottes schuf er ihn;
und schuf sie, einen Mann und ein Weib.

Silas

Wie gestern war es – du erblicktest das
Licht dieser Welt.
Voll staunender Freude meine Augen dich
suchten zu erfassen, in dem Geheimnis,
das der Schöpfer durch dich uns allen
hat geschenkt.

Dein jauchzendes Lachen und liebliches
Stammeln mein Herz so oft in Atem hielten,
denn auch bange Gedanken
um deine Zukunft
in einer dunklen und verlorenen Welt
mich damals mit Sorge hatten erfüllt.

Unendlich kostbar bist du in deinem Liebreiz
in unseren Herzen geblieben, trotz allem,
was inzwischen geschah.
Der kleine Körper wie ein Mäntelchen aus
irdischem Gewebe – und Abschied
in tiefer Trauer und fragendem Glauben
sodann über uns kam.

Heute jedoch, nachdem die geistigen Augen
geöffnet für die Herrlichkeit deines
unvergänglichen Wesens,
mit unendlicher, staunender Freude nun
wiederum ist mein Herz erfüllt.

Denn so klar wie in Bildern geheimnisvoller
Träume die Wahrheit des ewigen Lebens sich
uns naht,
im Erblicken der auferstandenen,
geliebten Kinder
durch den Geist dessen, der einer
ganzen Menschheit es einst hat offenbart!

Johannes 11,25
Jesus sprach zu ihr: Ich bin die Auferstehung
und das Leben; wer an mich glaubt, wird leben,
auch wenn er gestorben ist;
und jeder, der da lebt und an mich glaubt,
wird nicht sterben in Ewigkeit. Glaubst du das?

Sterne ohne Zahl

Immerwährende Faszination
Das Herz durchdringt,
Um sich zu erheben in
Äußerste Fernen,
Erkennend am Firmament
Und mit sehnsuchtsvollem Blick
Die Macht, welche alles lenkt

Sterne ohne Zahl und
Doch zum Zeichen gesetzt, auch
Als Bilder der „Jungfrau" und
„Kreuz des Südens" am
Weiten Himmelszelt

Wie ein ewiges Reden, das im
Innersten sich wiederfindet, im
Tiefen Frieden und sanft berührend
Das einfältige Kind

Ein Säuseln ist es, gehaucht
Aus Ewiger Liebe Macht –
Allwissenheit sich naht in der
Stille der Nacht

Nicht berechnende Zukunft das
Herz erfasst; nein – Offenbarung ist
Es, die geschenkt, und fließt durch
Geöffnete Fenster der Seelen!

Jesaja 45,11
So spricht der Herr, der Heilige in Israel
und ihr Meister:
Fraget mich um das Zukünftige.

Salomo

Ein Name wie wohltuender Wind
Aus vergangenen Zeiten
Bis heute so manches Herz erfüllt

Gott der Herr war dir nah
Und mit Weisheit und Reichtum
Hat Er dich gesegnet –
Zum Vorbild und Zeugnis gesetzt
Nicht nur für Regenten der Völker

Herr, Gott Israels, deine Gedanken
Und Werke sind groß
Und niemals wolltest du Armut
Und Elend für deine Kinder von
Anbeginn

Salomo, herrlich bist du und mit
Gold und edlen Hölzern hast du
Den Tempel des Ewigen Gottes
Geschmückt

Doch wie hätte dein Name über die
Zeiten geklungen, wenn nicht Gehorsam
Dir das Herz hätte durchdrungen im
Angesicht der Ewigen Macht?

1. Könige 3,9
So wollest du deinem Knecht geben
ein gehorsames Herz,
dass er dein Volk richten möge
und verstehen, was gut und böse ist.
Denn wer vermag,
dies dein mächtiges Volk
zu richten?

Schätze dieser Erde

Blutige Revolution – Jahrzehnte ist es her;
weit weg in der Stille der Steppe sie nun lebt,
fern aller Zivilisation

Am Ende des Dorfes, in klirrender Kälte
das kleine Häuschen sie bewohnt –
Knarren der Stiege antwortet ihrem Schritt

Wenn sie sucht in der Kammer,
gut versteckt unter glitzerndem Tand
vergangener Jahre, den größten Schatz
ihrer vergehenden Tage

Kostbare Kohle, sie zählt jedes Stück,
mit bangen Gedanken hin und her,
und zitternd und frierend sich fragend,
ob sie der tödlichen Kälte entfliehen wird
auch in diesem Jahr

Sprüche 13,7
Mancher ist arm bei großem Gut, und
mancher ist reich bei seiner Armut.

Sonne, Mond und Sterne

Freudige Sinne, voller Liebe der Blick,
die Mutter bereitet jedes Jahr
wieder das Fest.

Erfreuen nur will sie das Kinderherz!
Schmückend eilt sie durch die
Räume, und Licht verströmend
am Abend die Lampions
in den Bäumen hängen.

Liebevoll schaut sie es an, ihr
gelungenes Freudenwerk,
in der Hoffnung, dass Glanzlichter
sie findet in den Augen des Kindes.

Lichter am Himmel ohne Zahl,
voller Harmonie unser Leben
begleitend,
Dankbarkeit und Liebe,
die geheimnisvolle Kraft,
nur sie den Vater im Himmel
erfreuen!

Jesaja 9,5
Denn uns ist ein Kind geboren,
ein Sohn ist uns gegeben,
und die Herrschaft ist auf seiner Schulter;
und er heißt Wunderbar,
Rat, Kraft, Held, Ewig-Vater,
Friedefürst.

Strudel der Seele

Fragen und Probleme so oft wie
Strudel uns nach innen ziehen
und uns dort bedrängen, um sich
zu verdichten zu festen Knoten und
üblen Geflechten

Ungelöstes Empfinden so manchen
Menschen belastet ein Leben lang,
und keine Ruhe in Harmonie des
Lebens er finden kann

Jesus Christus, das Wort und der
Geist Gottes in Ihm kam in diese
Welt, um zu lösen das Gebundene
und zu öffnen die inneren Augen

Geist und Leben den Menschen
durchfluten, und als gelöst so mancher
mit Erstaunen erkennt die
allergrößten Knoten

Johannes 1,4-5
4. In ihm war Leben, und das Leben
war das Licht der Menschen.
5. Und das Licht
scheint in der Finsternis, und die
Finsternis hat es nicht erfasst.

Sumpf der Träume

Verlockende Bilder bei Tag und
Bei Nacht den Menschen belegen
Mit klebrigem Geist, und Einfluss
Sie beginnen zu nehmen in
Mancherlei Tun

Bilder über Bilder sich verdichten
Zu mächtigen Bastionen, und ihrem
Wesen nach gefährlich, sie so
Mancher in sich zu deuten weiß

Doch zu spät es oft ist, um zu
Entfliehen dem bösen Geist, denn
Bilder alles andere sind als nur
Illusionen

Johannes 8,34
Jesus antwortete ihnen und sprach:
Wahrlich, wahrlich ich sage euch:
Wer Sünde tut,
der ist der Sünde Knecht.

Samen unseres Gottes

Worte und Gedanken von Menschen
sich verdichten zu mächtigen Plänen,
und verborgen liegt in ihnen der
Befehl: „Es werde!"

Und alle Buchstaben, geordnet zu
Wörtern und Sätzen, erscheinen
wie winzige Samen dessen, was
sichtbar geworden im entstandenen
Werk nach Plan

Samen unseres Gottes darum ebenso
lebendige Worte sind – erschienen im
Fleisch unter uns, um zu gestalten den
gewaltigen Tempel des göttlichen
Geistes in dieser Welt

Epheser 2,21
Auf welchem auch ihr mit erbaut
werdet zu einer Behausung
Gottes im Geist.

Sanfte Verführung

Lächelnde Gurus uns führen in
sanften Klängen und Worten
zu tiefer Meditation, und Türen
in unseren Herzen sich öffnen,
sodass wir glauben zu fliegen in
übergeordneten Dimensionen

Geistige Kräfte beginnen zu
wirken, und Ergreifen von Kontrolle
und Macht uns plötzlich gelingt

Ursprünge der Quellen sich jedoch
irgendwann ebenso offenbaren um
uns her, und Stumpfheit gegenüber
der Not die Herzen befällt,
sodass wir uns ziehen mit
durchgeistigtem Blick in fragwürdiger
Überheblichkeit des Denkens zurück

Doch Diskrepanz sich erkennen
lässt, denn keine Lösungen alle
geistigen Trips dem Menschen bescheren,
sodass nackt und reglos in kahlen Höhlen
die Großen der Gurus ihr Leben
in dieser Welt meist ohne sichtbare
Frucht ihrer Geister beenden

Matthäus 24,24
Denn es werden falsche Christi und falsche
Propheten aufstehen
und große Zeichen und Wunder tun,
dass verführt werden
in den Irrtum, wo es möglich wäre,
auch die Auserwählten.

Schrei der Seelen

Dunkle Schatten und anonyme
Figuren durch Straßen aller Städte
des Planeten eilen
und wie stumme Bilder sie sich
in unsere Herzen prägen

Doch Jammern und Schreien des
inneren Menschen, nur mühsam
aus dem Bewusstsein verdrängt,
dem Geiste Gottes, welcher
alles umgibt und durchdringt,
sind offenbar

Blut und Tränen, Trauer der Seelen
und zerrissene Herzen Er sieht,
wohin Sein Auge blickt,
doch zu schließen die Wunden
und Trost zu spenden einem jeden
Menschen in Omnipräsenz Seines
Geistes in Jesu Namen dennoch
gelingt

Schatten des Todes, zerrissen
von Seiner Majestät, wärmendes Licht
Seiner Liebe, gebündelt in mächtigen
Strahlen des Heils, nehmen tief
im Verborgenen, in immerwährender
Gegenwart Seines Geistes,
die Seelen ein

Jesaja 60,2-3
2. Denn siehe, Finsternis bedeckt die Erde
und Dunkel die Völkerschaften;
aber über dir strahlt der HERR auf, und seine
Herrlichkeit erscheint über dir.
3. Und es ziehen Nationen zu deinem Licht hin
und Könige zum Lichtglanz
deines Aufgangs.

Stimme des Herrn

Viele Stimmen und Gefühle im Herzen
und Sinn der Menschen verborgen
sind, und er ihnen folgt oft mit sicheren
Instinkten

Doch Wissen um Ursprung und Sinn
er nicht zu finden vermag

Die Stimme Gottes in dieser Welt
darum sich offenbart durch Menschen,
durchdrungen von Seinem Geist,
sodass es jedes offene Herz zu hören
vermag, dass Jesus Christus der Hirte
ist, zu suchen und zu führen Seine
Schafe

Matthäus 9,36
Und da er das Volk sah, jammerte ihn
desselben; denn sie waren
verschmachtet und zerstreut wie
die Schafe,
die keinen Hirten haben.

Spiegelbilder

Spiegelbilder überall und
sichtbar um mich her,
doch nicht alle Herzen der
Menschen zu fassen vermögen
ihren Sinn

Bilder überall, zum Gleichnis
geschenkt, um die Hand
des Schöpfers zu erfassen
in dieser endlichen Welt

Fantasie und wunderbar
gestaltetes Leben sich zeigen vor
meinem Blick, und ich weiß,
dass ich eingeladen bin

Ja, eingeladen bin auch ich,
zu gestalten in der Kraft,
die in mir ist, und den Garten
zu pflegen, der besteht
seit Anbeginn

Kolosser 1,10
Dass ihr wandelt würdig dem Herrn,
zu allem Gefallen,
und fruchtbar seid in allen
guten Werken.

Strafe und Belohnung

Gestern, Heute und Morgen das wahre
Kapital unseres Lebens sind, denn was
wir heute genießen oder erleiden, oft
nur die Früchte von gestern sind

Lernen und Leben, um zu erfreuen das
Herz, immer mehr sind als das dumpfe
Streben nach Macht oder Geld und Besitz

Doch lernen in diesem Leben ohne
Weisheit aus Gottes Geist wird am
Ende sein wie das Lenken eines
Fahrzeuges im Schleudern auf
vereister Bahn

1. Korinther 1,30
Von ihm kommt auch ihr her in Christo Jesu,
welcher uns gemacht ist von Gott zur Weisheit
und zur Gerechtigkeit
und zur Heiligung und zur Erlösung.

Strebende Gedanken

Das Streben der Gedanken
ein seltsames Geschehen ist,
denn ihre Ziele meist nur Bruchstücke
vom Großen und Ganzen sind

Stücke in Bruch in der Tat es immer
wieder sind gewesen, denn wie viel
Schaden bis heute entstanden ist,
weil rücksichtsloses Streben nach Macht
so viel Schönes unserer Welt immer
wieder neu in Schutt und Asche legt

1. Korinther 13,9
Unser Wissen ist Stückwerk,
und unser Weissagen ist Stückwerk.

Tanzen zur Musik

Wunderbare Klänge der Natur
es gewesen sind, die inspirierten
den Menschen von Anbeginn

Und im Lauschen den Gesängen
des Windes die erste Melodie
mag entstanden sein

Wunderbare Töne der Mensch fing ein
und entstanden war irgendwann
Musik nach Noten und Instrumenten

Herrlichkeit, die durch den Äther
fließt in wunderbaren Klängen,
und der Mensch sich immer wird
wiegen nach ihren Melodien

Und auch die Seelen beginnen
zu schwingen, um sich zu öffnen
wie Blumen im Morgentau

2. Samuel 6,14
Und David tanzte mit aller Macht vor dem
Herrn her und war begürtet mit
einem leinenen Leibrock.

Tore Jerusalems

Residenzen aller Könige in dieser
Welt von Mauern umgeben sind,
und Tore sich öffnen zum Einzug
im Triumph,
wenn Herrscher nach schweren
Kämpfen mit gewaltigen Feinden
kehren siegreich zurück

König aller Könige, der Messias
der Völker Er wird genannt,
mit heißem Flehen der Herzen
ersehnt und erwartet,
um immerwährenden Frieden der
Welt zu bringen, beginnend durch
Seine Stadt Jerusalem

Sodass das Goldene Tor, welches
verschlossen geblieben bis heute,
sich öffnen wird einst, um Ihn in
Ehrerbietung Seiner Kinder
zu empfangen

Hesekiel 44,2
Und der Herr sprach zu mir: Dies Tor soll
zugeschlossen bleiben
und nicht aufgetan werden, und soll
niemand dadurch gehen;
denn der Herr, der Gott Israels, ist dadurch
eingegangen,
darum soll es
zugeschlossen bleiben.

Trauer Jesu

Fälschung und Lüge die großen
Waffen des Bösen sind, und nur
wer im Geiste der Wahrheit sich
hat gegründet, sie für immer wird
überwinden

Kreuzzüge und Inquisition sowie
Vernichtung von Millionen Juden
in finsteren Epochen unserer
Zivilisation sind geschehen im
Namen von Religion

Hass und Verfolgung, bis in unsere Tage
hinein sich dort erheben, wo der Geist
Jesu Christi in Liebe und Wahrheit in
Menschen lebt, um zu überwinden das Böse

Und Trauer im Herzen Gottes wird so
lange sein, bis Seine Füße die Erde
wieder betreten, um für immer und
ewig zu bleiben mit Seinem Volk in
Seinem Friedensreich

Sacharja 14,4+9
4. Und seine Füße werden stehen
zu der Zeit auf dem Ölberge,
der vor Jerusalem liegt gegen Morgen. Und
der Ölberg wird sich mitten entzweispalten,
vom Aufgang bis zum Niedergang,
sehr weit voneinander, dass sich eine Hälfte
des Berges gegen Mitternacht und die
andere gegen Mittag geben wird.
9. Und der Herr wird König sein
über alle Lande.

Träume

Bilder in Träumen des Menschen
sich finden, und niemand weiß, wie
es möglich ist

Gleich wie durch geöffnete Fenster
die Seele schaut in verborgene
Situationen und Welten, und so
manche bizarre Gestalten ihr begegnen

Wohl dem Menschen, dessen
Träume nur schöne Schäume sind,
denn Wohlbehagen bereits das
Erwachen zum neuen Tag ihm bringt

Doch wundersame Träume die
Herzen berühren, und ein Fragen
nach Ursprung sie bewegen,
wenn geschaute Bilder als
wahrhaftige Prophetien ihr Leben
beginnen zu durchdringen

Hiob 33,14-18
14. Denn in einer Weise redet Gott und wieder
in einer andern, nur achtet man's nicht.
15. Im Traum, im Nachtgesicht,
wenn der Schlaf auf die Leute fällt,
wenn sie schlafen auf dem Bette.
16. Da öffnet er das Ohr der Leute und
schreckt sie und züchtigt sie,
17. dass er den Menschen von seinem
Vornehmen wende
und behüte ihn vor Hoffart,
18. und verschone seine Seele
vor dem Verderben, und sein Leben,
dass es nicht ins Schwert falle.

Treue unseres Gottes

Omnipräsenz des Ewigen Gottes
die Welt und alles Leben erfüllt
und unerforschlich komplexes
Wirken das Wesen alles
Geschaffenen durchdringt

Ringen um Erklärung in Köpfen
und Herzen der Menschen sich
müht und Scheidung der Geister
es immer wieder mit sich bringt

Unglaubliche Arroganz im Glauben
an Evolution auf der einen Seite –
und hingegebenes Staunen und
Anbetung ob aller Herrlichkeit
die Seelen und Geister von anderen
Forschern bestimmen

Doch Neutralität an beiden
Fronten es wird niemals geben,
weil Gottes Wort uns verkündet,
dass nur derjenige hat das Leben,
der Jesus Christus als den Weg
und die Wahrheit bekennt in dieser Welt

Und wie zur Warnung es steht
geschrieben, dass alle die Ihn
hassen, lieben den Tod

Sprüche 8,36
Wer aber an mir sündigt, der verletzt
seine Seele.
Alle, die mich hassen, lieben
den Tod.

Tropfen auf dem Stein

Ausdauer gegen Härte – wie steter
Tropfen auf dem Stein,
denn wie sonst wäre es möglich,
dass Wasser dringt tief in geschlossene
Flächen ein, um zu verändern selbst
Formen aus Stein

Wasser des Lebens, in manchem
Tropfen des Wortes Gottes auf
verhärtetes Leben trifft, und kein
Mensch es von Anfang an zu hoffen
wagt, dass Härte des Herzens an
ihm irgendwann zerbricht

Wie unförmige Steine mit Ecken
und scharfen Kanten die Herzen
der Menschen oft sind, und nur Gott
in Seinem Heiligtum sie in ihrer ganzen
Wahrheit erkennt

um in unfassbarer Geduld und Langmut
das Werk der Verwandlung zu beginnen,
sodass sie am Ende ihres Lebens in
dieser Welt wie fein abgerundet und
strahlend im Ewigen Lichte unseres Gottes
sich wiederfinden

Jesaja 55,10-11
10. Denn wie der Regen fällt
und vom Himmel der Schnee
und nicht dahin zurückkehrt,
sondern die Erde tränkt, sie befruchtet
und sie sprießen lässt, dass sie
dem Sämann Samen gibt
und Brot dem Essenden,
11. so wird mein Wort sein,
das aus meinem Mund hervorgeht.

Umkehr – wohin?

Neues Leben hast du mir geschenkt –
Und kostbar es ist im irdischen Gefäß
Meines Lebens

Dein Wort dieses Bild mir gibt, sodass
Ich vermag zu begreifen, was
Geschehen ist in mir

Gefäß ich bin und gefüllt soll ich sein
Mit dir und deinem Wort, um zu
Verströmen das Wasser des Lebens
In diese Welt hinein

Johannes 7,38-39
38. Wer an mich glaubt, wie die Schrift sagt,
von des Leibe
werden Ströme des lebendigen
Wassers fließen.
39. Das sagte er aber von dem Geist,
welchen empfangen sollten,
die an ihn glaubten; denn der heilige
Geist war noch nicht da,
denn Jesus war noch nicht verklärt.

Unschuld des Lebens

Kinder sind Kinder, sagt man oft, und
gemeint ist ihr besonderes Verhalten

Denn ihr Wesen uns versetzt so manches
Mal in großes Erstaunen

Unschuld des Herzens, im einfältigen
Vertrauen der kleinen Seelen sie
verborgen liegt

Und verloren für immer wird oft dieser
größte Schatz des Lebens

Denn wie können Menschen sich
lieben ohne Vertrauen – wird nicht
das Leben schwer und voller Pein?

Verzerrung und Unglück jedoch noch
mehr geschieht, wenn Vertrauen zum
Schöpfer uns fehlt in unserem Sein

Urvertrauen, der Mensch es so
dringend benötigt, und wie mit Luft in
den Reifen das Vehikel seines Lebens
mit Leichtigkeit sich weiterbewegt

Lukas 18,17
Wer nicht das Reich Gottes annimmt
wie ein Kind, der wird
nicht hineinkommen.

Unser Vater

Winzige Händchen voll Vertrauen
sich legen in Vaterhände, und mit
ängstlichem Blick so manches Mal
flüchtet das Kind in ihren festen Griff

Vertrauen die kindliche Seele empfindet
von Anfang an, und schutzlos hingegeben
die kleinen Geschöpfe sind an Väter
in dieser Welt

Männer als Väter immer nur schwaches
Abbild sind der einen Vaterschaft, die über
allen Menschen dieser Welt in mächtigem
Geiste wacht

Und nur dann, wenn die Herzen von
Vätern im Geiste der Wahrheit und Güte
gegründet, das Kind in unbeschädigtem
Vertrauen erwachsen wird

Warnung darum an Väter, welche es wagen,
den Kleinen durch Zorn und
Gewalt zu schaden,
da im Geiste des Bösen
sie ihr Leben führen
und gerechte Strafe sie am Ende ihres
Lebens in jedem Falle erreichen wird

Johannes 14,9
Jesus spricht zu ihm: So lange bin ich
bei euch, und du kennst
mich nicht, Philippus? Wer mich sieht,
der sieht den Vater; wie sprichst du denn:
Zeige uns den Vater?

Versprechen von Menschen

Große Versprechen durchziehen
unsere Welt
und voller Hoffnung so manches Mal
sich stützt
der Mensch auf ein gutes Wort

Und wie aus tiefer Erinnerung sich
hält die Seele, oft nicht wissend warum,
an ein empfangenes Versprechen

Versprechen sind Worte von großem
Gewicht, und besonders sie werden
dereinst geprüft im „Jüngsten Gericht"

Denn manche Zerstörung von Leben,
verursacht durch gebrochene
Versprechen, immer wieder und
bis heute geschehen ist

Matthäus 12,36-37
36. Ich sage euch aber, dass die Menschen
müssen Rechenschaft geben
am jüngsten Gericht von einem
jeglichen unnützen Wort,
das sie geredet haben.
37. Aus deinen Worten
wirst du gerechtfertigt werden,
und aus deinen Worten
wirst du verdammt werden.

Verirrung in Religionen

Verwirrung der Herzen und Sinne
geschehen ist zu allen Zeiten
durch Einfluss von Religionen

Denn da, wo Menschen haben
versucht, sich ihrem Gott auf
eigenen Pfaden zu nahen, sie
immer wieder haben versagt

Religionen nicht zu verwechseln
sind mit der Person Gottes, die sich
durch Jesus Christus offenbart,
denn wie die Strahlen der Sonne
in einem Stück Glas sich machtvoll
konzentrieren, um zu verbrennen das,
was ihr nicht zu widerstehen vermag

Denn Seine Macht nur das Tilgen von
Sünde und Heilung nach Leib, Seele
und Geist zu wirken vermag

Matthäus 4,23
... heilte allerlei Seuche
und Krankheit.

Volk Gottes

Menschen, die erfüllt sind von
Gottes Geist, in dem Namen Jesu
sich nur erkennen,
denn Wirkung und Kraft dieses
Namens nur ihnen sind gegeben,
um sich einander
anzunehmen

Sichtbar geworden das Volk des
Allerhöchsten ist in dieser Welt,
und nur da, wo Seine Güte und Liebe
sind, die Wahrheit Seines Geistes
sich befindet

Lüge und Verderben so oft unter
Seinem Namen sich hat getarnt, um
diesen zu beschmutzen

Doch Liebe zu allen Zeiten hat es
offenbart, dass der Teufel den
Angriff gegen Ihn immer wieder
vergeblich wird starten

1. Johannes 2,9
Wer da sagt, er sei im Licht, und hasst
seinen Bruder, der ist noch in
der Finsternis.

Vollkommenheit des Menschen

Zärtlich die junge Mutter ihr Kind
in die Arme nimmt, das
Vollkommenste aller Geschöpfe,
und voller Liebe und Stolz ihr Herz
den kleinen Prinzen oder die Prinzessin
nur umhegen und pflegen will

Vollkommenheit sie sieht an den
kleinen Körpern und prallen
Gesichtchen, mit Blicken aus den
schönsten Sternen von Augen, die sie
jemals hat gesehen

Doch Vollkommenheit nur das
liebende Herz erblickt, denn
Herzen von anderen Müttern es
ebenso gibt, die nicht fähig sind
zu solchem Blick

Nörgelnd und lieblos, mit Worten
böser Kritik, sie stören die
kleinen Seelen,
und ständiger Stress so manches
Kind beginnt zu quälen,
weil Herzen von Müttern verschlossene
und verzweifelte Herzen sind, sodass
Selbstzweifel als Saat in jungen
Herzen so manchen lässt unfähig
werden zu seinem späteren Lebensglück

Matthäus 5,48
Darum sollt ihr vollkommen sein,
gleichwie euer Vater im
Himmel vollkommen ist.

Vater der Lüge

Tarnung und Täuschung – von Lüge
umhüllt – wie Spinnengewebe liegen
über der Welt, sodass Wehrlosigkeit
in Blindheit des Herzens den Menschen
immer neu befällt
und ihn, regungslos hingegeben,
das Tier aus dem Abgrund zerstört

Harmlos und in glitzernd schönem
Gewand das Böse sich naht, und
mit feurigen Parolen die unsichtbare
Peitsche der Hetze über den Köpfen
der Massen schwingt,
sodass Vernichtung von unschuldigem
Leben noch erscheint wie eine
befreiende Tat

Misstrauen und Hass auf das Fremde,
gesät in die Herzen irgendwann,
wie Unkraut die Pflanze der
Wahrheit ersticken,
sodass nicht Frucht, sondern nur
sinnloses Wuchern von alles
bedeckendem Grün in unserem
Lebensgarten entstehen wird

Johannes 8,44-45
44. Ihr seid von dem Vater, dem Teufel,
und nach eures
Vaters Lust wollt ihr tun.
Der ist ein Mörder von Anfang
und ist nicht bestanden in der Wahrheit;
denn die Wahrheit ist nicht in ihm.
Wenn er die Lüge redet, so redet
er von seinem Eigenen;
denn er ist ein Lügner und ein Vater derselben.
45. Ich aber, weil ich die Wahrheit sage,
so glaubet ihr mir nicht.

Väter und Söhne

Gedanken des Schöpfers in Herzen
von Eltern und Kindern sich verweben,
um Halt und Fürsorge für Kinder
und Kindeskinder zu geben

Und stark im Willen des Menschen
sie verwurzelt sind, sodass Strukturen
des Bösen nicht zu zerstören vermögen
das, was unsere Existenz in dieser
Welt zu allen Zeiten erhält

Doch nur Herzen, die gegründet sind
in wahrer Liebe, werden die Ziele
des Schöpfers mit diesem Leben
erreichen

Familien und Völker sich formen in
Seiner Heiligen Omnipräsenz, und
kein Haar wird jemals dem Menschen
gekrümmt, ohne dass Er es weiß

In Ehrfurcht darum mögen sich Väter
und Mütter in den Herzen verneigen,
denn Söhne und Töchter vom Schöpfer
die kostbarsten aller Leihgaben sind

Psalm 127,3
Kinder sind eine Gabe des Herrn.

Vergeben und Vergessen

Verletzungen der Seelen vielen
Menschen das Leben beschweren,
sodass jedes Lachen nur noch klingt
wie ein leerer Ton, anstatt in herzlicher
Freude das Leben zu erheben in
glücklicher Harmonie

Erlittenes Unrecht und Leid wie
feurige Pfeile das Herz durchbohren,
und um Vergebung man sich meist
ohne Erfolg bemüht, da zu tief oft
die Wunden gewesen sind

Vergeben und vergessen möchte
man gerne, doch wie mit Stricken
von Bitterkeit das Herz gebunden ist,
um zu vergiften das ganze Leben

Jesus Christus – der erlitten hat alles
Unrecht dieser Welt, weil Böses in
ihm niemals war; doch zu vergeben
Er vermochte selbst noch am Kreuz

„Vater, vergib ihnen" – es erklang,
und Kraft in dem Wort liegt noch
heute, weil Macht zur Vergebung
auch für uns sich
findet im Sprechen der Worte:
„Ich vergebe, weil Jesus es hat in
mir getan."

Jesaja 61,10
Ich freue mich im Herrn, und meine Seele
ist fröhlich in meinem Gott;
denn er hat mich angezogen mit
Kleidern des Heils
und mit dem Rock der Gerechtigkeit gekleidet,
wie einen Bräutigam,
mit priesterlichem Schmuck geziert,
und wie eine Braut, die in ihrem
Geschmeide prangt.

Verirrung in der Wüste

Böse Geister im Herzen von Menschen
können lagern, und hinter Fassaden
von hübschen Gesichtern sie immer
wieder neu ihr Unwesen treiben

Und wie Schakale in der Wüste
Menschen dieser Welt sich manchmal
fühlen, abseits von dem, was man als
das „normale Leben" sieht

Menschen mit schweren Herzen und
hinter Gefängnismauern ihr Leben
oft fristen, in dem Bewusstsein und
Glauben, dass es für sie keine Rettung
mehr geben kann

Doch um Ketten der Sünde zu sprengen
der Herr aller Menschen kam in diese
Welt, sodass die geknechteten Seelen
in Freiheit des inneren Menschen
das Feld ihres Lebens dann wieder zu
bestellen vermögen

Matthäus 4,24
Und sie brachten zu ihm allerlei Kranke,
mit mancherlei
Seuchen und Qual behaftet,
die Besessenen, die Mondsüchtigen
und die Gichtbrüchigen;
und er machte sie
alle gesund.

Viren

Unfassbar winzig die Erreger
des Bösen sind – und viele Namen
wir haben ihnen gegeben.
Und die Frage des Herzens
sich erhebt nach Ursprung
und Sinn in diesem irdischen
Gefüge.

Mühsames Ringen und Forschen
beginnt, um so manche Wurzel
des Übels zu besiegen.
Und nur durch Menschen, welche
beseelt sind vom Geiste des Guten,
wird dieses immer wieder geschehen.

Wie sollte der Schöpfer aller
Vollkommenheit mit sich selbst
im Streite liegen, indem Er belegt
die Erde mit Fluch, um gleichzeitig
diesen zu besiegen?

Erlösung und Hilfe der Ewige Gott
durch Jesus Christus hat uns geschenkt,
wenn unser Herz in Sehnsucht beginnt,
zu Ihm sich zu wenden.

Und so mancher Krampf in Wunden
erstarrter Seelen sich beginnt zu
lösen, wenn Seine Liebe dem
Innersten des Menschen in heilender
Kraft begegnet.

Jakobus 5,14-15
14. Ist jemand krank, der rufe zu sich
die Ältesten von der Gemeinde,
dass sie über ihm beten
und ihn salben mit Öl
in dem Namen des Herrn.
15. Und das Gebet des Glaubens wird
dem Kranken helfen,
und der Herr wird ihn aufrichten;
und so er hat Sünden getan,
werden sie ihm vergeben werden.

Wasser des Lebens

Der Geist ist stumm und
trübe der Blick,
weil Wasser im Glas mir
die Sicht verdeckt!

Wasser hat man mir gegeben, ja –
Wasser ganz klar; doch Trug war es,
hinter dem Schwindel der Sinne
versteckt!

Täuschung hin und Lüge her –
nach Wasser schreit meine Seele.
Wer gibt es mir?

Man wollte mir Gutes tun, um zu vergessen
mein Leid. Doch schlimmer
nur wurde die Last – vor einem
Abgrund, unendlich weit!

Wer tröstet die Seele, und wer zieht die
böse Wurzel aus ihr?
Sie quält wie der Zahn, der voller
Eiter in mir!

Wasser! – Zu waschen die Wunden,
und trinken das kostbare Nass –
ja, das alleine wünsche ich mir!

Wo ist die Quelle? – Oh ja, man sagte mir,
wo ich sie finden kann, und
entschieden gehe ich nun voran!

Jesus – hast du das Wasser des Lebens
für mich? – Sag bitte nicht nein,
denn dein Wort es verspricht!

„Wen da dürstet, der nehme das
Wasser umsonst" – so lese ich,
und folgen will ich nun dir, um nicht
zu sterben vor Durst meiner Seele.

Offenbarung 22,17
Und der Geist und die Braut
sprechen: Komm!
Und wer es hört, der spreche: Komm!
Und wen dürstet,
der komme; und wer da will,
der nehme das Wasser des Lebens
umsonst.

Wasser im Fluss

Fließendes Wasser überall,
ich höre es rauschen, immerzu
tropfen, plätschern, zischen und
donnern in mächtigem Fall,
und winzig zart erkenne ich das
Wesen aller Kreatur.

Oh gewaltige Massen,
wo kommt ihr nur her?
Ich forsche und schaue nach
dem Ewigen Wort,
denn dort finde ich es ebenso,
jedoch in einer anderen Welt,
die Spiegel gleich
die unsere zusammenhält.

Eine Stimme sprach dort
mit großer Macht und gab Befehl
zu beten an den, der Himmel,
die Erde, das Meer und die
Wasserbrunnen gemacht.

Ich stehe nun still und schaue
um mich her.
Ich staune, dass Wasser und Blut sich
finden in mir, und im Wasser
ich schwamm von Anfang an.

Offenbarung 14,7
Und sprach mit großer Stimme:
Fürchtet Gott
und gebet ihm die Ehre, denn die Zeit seines
Gerichts ist gekommen,
und betet an den, der gemacht hat
Himmel und Erde
und Meer und die Wasserbrunnen.

Wissen und Macht

Welche Kombination! Früh im Leben
beginnt sie zu ziehen die erste Bahn.

Wissen – gesammelt von Kinderhand,
jedoch ohne den rechten Verstand,
durch Tastendruck flink, um es zu horten
auch in der kindlichen Seele.

Macht! – beginnt es zu flüstern mehr
und mehr, verengend den Blick
und strebend hinweg.

Endlich da – die Welt ist nun klein;
es glaubt sie zu gestalten der hochmütige
Geist, im Verwalten von Bits und Bytes.

Erwachen ist manchmal geschenkt
aus dem ärmlichen Wahn, klar und
einfach plötzlich die Sicht.

Steuern auf natürlicher Bahn, erkennend
die Schönheit im Geist um uns her,
und mit Staunen erfassend,
was letztlich wiegt mehr!

Liebe, befreit aus Klammern gefangener
Seelen, beginnt zu gestalten die
Neue Welt.

Nichts mehr wie vorher, so erkennt die
Seele, und in Treue sie nun zusammenhält
das, was Wahrheit ist in
diesem Leben.

2. Timotheus 3,7
Lernen immerdar und können
nimmer zur
Erkenntnis der
Wahrheit kommen.

Wissen der Welt

Wogenden Wassern gleich das Wissen
der Welt die Menschen erfüllt,
im Geist der Vielfalt von Gedanken
und Ängsten entstanden.

Und schweren Seilen gleich dieser
Geist die Seelen gebunden hält.
Doch wahre Erkenntnis aus unendlichem
Wissen die Tiefen der Herzen
niemals erreicht,
um in ihnen den Frieden
zu wirken,
sodass die Kraft zum Leben in
dieser Welt für einen jeden
zu entstehen vermag!

Wissend und schaffend das Herz
des Menschen
der Wahrheit zu entfliehen
sucht, im Ringen um Schein in der
kurzen Spanne der Zeit
allen Seins.

Und nur Christus, der Fels und Grund
allen Lebens als der Ewige, in
Seinem Wort der Macht dieses
Soges in Wahrheit sich entgegenstellt,
um zu ziehen das Innerste des
Menschen und aller Kreatur
in Seinen Frieden hinein.

Die Freiheit von Furcht und Verderben
nur Er mit sich bringt, und in den Stand
Seiner Kinder
Er alle Menschen zu suchen

gekommen ist,
um zu retten die Seelen
aus Abgründen des Bösen aller
Zeiten!

Johannes 14,6
Jesus spricht zu ihm: Ich bin der Weg
und die Wahrheit und das Leben.
Niemand kommt zum Vater als nur
durch mich.

Wolken ohne Wasser

Wolken ohne Wasser sind wie
Augen ohne Blick,
Schmachtend die Geschöpfe,
Sich beugend dem Geschick

Wer will sie öffnen beide? Und wer
Kann ersetzen das, was ihnen fehlt?
Ewige Gesetze, die sich erschließen
Dem, der bereit ist, sie zu sehen

Du sagst Herr, alle Fülle ist in dir,
Sodass Wolken und blinde Augen
Sich öffnen müssen vor dir

Dein Wort ist mein Glaube und
Erfahrung die Kraft, beide in mir
Wachsend, sodass ich nie mehr
In Angst

Möglich wird alles dem, der da glaubt,
Solange er dich sucht, der das
Leben im neuen
Geiste gezeugt

Johannes 11,37
Etliche aber unter ihnen sprachen:
Konnte, der dem Blinden
die Augen aufgetan hat,
nicht verschaffen,
dass auch dieser nicht
stürbe?

Weinen und Lachen

Ewiger Rhythmus des Lebens,
wer wird ihm jemals
entfliehen?

Denn alles hat seine Zeit –
wie wir immer wieder
Sehen.

Nur lachen möchte das Herz,
denn Traurigkeit die Seele
schmerzt!

Doch wer möchte im Ernst
sich verwandeln in
einen Clown?

Prediger 3,1
Ein jegliches hat seine Zeit, und alles
Vornehmen unter dem Himmel
hat seine Stunde.

Wo warst du Gott?

Bitter klingt es durch
alle Generationen:
„Wo warst du?"
Bitter das Wasser der Seele
und wie ein Brunnen
sie überquillt.
Ist es so schwer, die Wahrheit
zu finden und nicht die eigenen
Gedanken zu werten wie
blankes Gold?

Liebe, ein Wort, das nur schwer
sich verträgt mit jenen, die Waffen
gesegnet mit Gebet
Öffnung im Herzen gewähren,
sodass die Ewige Quelle fließt,
und süß ihr Wasser ist, doch wird
es sich niemals verbinden mit dem,
was vor Gott niemals besteht.

Schmutz in Gedanken,
Blut klebt überall,
wie wagt selbst jener Mensch
dieselbe Frage zu erheben?
„Gott, wo warst du?",
mit frecher Stimme er spricht,
anstatt zu folgen der Botschaft, die
zu uns redet von der Liebe zum
Nächsten überall.

„Was ihr getan habt dem
Geringsten,
das habt ihr mir getan!"
Dies ist die Wahrheit

der Botschaft,
die uns Antwort gibt,
und richten wird einst uns
die Frucht unseres Lebens.

Matthäus 25,40
Und der König wird antworten und
sagen zu ihnen: Wahrlich ich sage euch:
Was ihr getan habt
einem unter diesen
meinen geringsten Brüdern,
das habt
ihr mir getan.

Worte der Propheten

Schöpfend aus tiefem Grund,
der Geist der Propheten spricht

Erstaunen er bewirkt – auch
Widerspruch, und zum Stein des
Anstoßes er ist gesetzt, um sich
zu wenden gegen alle Verirrung
der Völker

Höhnende Worte nicht zu hindern
vermögen den Einfluss seiner Kraft,
und auch Unglaube sich vergeblich
erhebt, da untauglich für jeden
Menschen das, was er als Wahrheit
gebiert

Geist der Propheten, sich offenbarend
aus göttlicher Macht – Jahrtausende
ist es her – ihr Reden und Wirken
geschrieben ist und bewahrt,
zum Zeugnis für Menschen aller
Zeiten und so auch heute!

Epheser 3,5
Welches nicht kundgetan ist in den
vorigen Zeiten
den Menschenkindern wie
es nun offenbart ist seinen heiligen
Aposteln und Propheten durch
den Geist.

Waffen zu Pflugscharen

Erhobene Fäuste und böse Parolen
seit Generationen die Welt
erfüllen in Macht und Gewalt,
um endlich der Menschheit die
große Wandlung zu bringen?

Mächtige Panzer auch das
kostbarste Ackerland zerpflügen,
um zu säen den Samen des Unheils
auf zerstörtem Boden

Möge kommen darum der
Herr und Messias der Völker,
um zu richten den Erdkreis,
so wie geschrieben in Seinem
Wort, und endlich aus Waffen
die ersehnten Pflugscharen zu
werden vermögen

Jesaja 2,4
Und er wird richten unter den Heiden
und strafen viele Völker.
Da werden sie ihre Schwerter zu Pflugscharen
und ihre Spieße
zu Sicheln machen. Denn es wird kein Volk wider
das andere ein Schwert aufheben,
und werden hinfort nicht
mehr kriegen lernen.

Wege des Herrn

Wege des Menschen in dieser Welt
sind definiert nach menschlichem
Denken, kein Raum in ihnen sich
findet für Übergeordnetes,
göttliches Wirken

Arbeit mit allem, was dazu sich fügt,
Gesundheit und Schönheit oft nicht
fehlen, und langes Leben in Genuss
und Freude der Mensch sich wünscht

Tief verwoben die Lebenspläne sind mit
der menschlichen Natur, doch eine
andere Kraft manches Mal beginnt,
diese zu überholen

In geheimnisvollem Geschehen
plötzlich alles sich verändert, und
umringt von Hindernissen und manchem
Dunkel das Leben sich wieder findet

Nichts ahnend von größerem Geschehen
das Herz sich stellt gar bangen Fragen,
und oft es dann mit Staunen erkennt
das Öffnen zu besseren Lebensbahnen

Jesaja 55,7-8
7. Der Gottlose lasse von seinem Wege
und der Übeltäter seine Gedanken und bekehre
sich zum Herrn, so wird er
sich sein erbarmen und zu unserm Gott,
denn bei ihm ist viel Vergebung.
8. Denn meine Gedanken sind nicht eure Gedanken,
und eure Wege sind nicht meine Wege,
spricht der Herr.

Wettlauf der Völker

Wunderbare Kräfte im Menschen
verborgen sind, und in Strukturen und
Regeln sie sich ordnen, um zu folgen
dem Lauf dieser Welt

Ordnung und Klarheit er schafft um sich
her, und das Streben nach Königtum war
von Anfang an sein Begehren

Doch Ordnung seines Strebens die Ordnung
der Seele fordert, denn durch ihre Bindung
und Orientierung zu höherem Königtum
das eigene Wirken nur Bestand wird finden

Streben nach Weisheit und Harmonie
die edelsten Herrscher dieser Welt
erfüllen möge, im Freisein von niederen
und zerstörerischen Trieben

Sodass sie zu schaffen vermögen die Bahn,
dem Einen König, der kommen wird, um
zu herrschen in seinem
immerwährenden
Friedensreich

Offenbarung 1,7
Siehe, er kommt mit den Wolken, und es
werden ihn sehen
alle Augen und die ihn
zerstochen haben.

Worte im Gebet

Voller Glaube die Stimme
erklang vor langer Zeit, mit alles
durchdringender Macht,
sodass die Sonne stand still auf
ihren Befehl!

Und es geschah – zum Zeugnis nicht
nur für das Auserwählte Volk,
sondern zu zeigen allen Menschen,
dass der Eine Gott in Wahrheit ist nah.

Unfassbares Geschehen, noch heute
Realität im Fehlen dieses Tages in
Welten der Astronomie.

Immer wieder neu und erlebt,
dass wie ein Abenteuer spannend wird
das Leben, wenn Menschen glauben,
dass der Eine Gott erhört auch ihr
Gebet.

Josua 10,12
Da redete Josua mit dem Herrn des Tages, da der
Herr die Amoriter
dahingab vor den Kindern Israel, und
sprach vor dem
gegenwärtigen Israel: Sonne, stehe
still zu Gibeon,
und Mond, im Tal Ajalon!

Worte über Worte

Gewaltigen Fluten gleich
die Gedanken des Menschen
strömen in Worte hinein, gestaltend
den Lauf der Völker seit uralten Zeiten.

Worte in vielerlei Sprachen und
Gestalt prägen das Leben des
Einzelnen bis heute.
Und wenn die Welt auch voller
Bücher ist, erschaffen diese jedoch nicht
das innere Leben des Menschen.

Doch Worte, welche rühren die Herzen an,
um ihnen zu schenken Gnade und Sinn,
diese Worte sich finden ebenso
inmitten der strömenden Flut des
geistigen Lebens.

Wahrer Mensch und wahrer Gott Er
wird genannt, und Er sprach mit
großer Autorität das Wort
„Der Weg, die Wahrheit und
das Leben ich bin."

Sodass diese Worte aus Seinem Geiste
es sind, die im Menschen aller Zeiten
erschaffen das wahre Leben!

Lukas 4,4
Und Jesus antwortete und sprach zu ihm:
Es steht geschrieben: „Der Mensch lebt nicht
allein vom Brot, sondern von einem
jeglichen Wort Gottes."

Werden wie Götter

Unfassbar gewaltig das Streben
des Menschen ist zu
schwindelerregenden Sphären

Und immer noch hegt er den Traum,
dass die ganze Welt mag liegen
ihm zu Füßen

Berge von Geldern in berauschendem
Fluss sich bewegen um den Planeten,
und voller Befriedigung es der strebende
Geist erkennt und sich glaubt ganz nah
an seinen Zielen

Jedoch Geld für den Hochmütigen nur
Mittel zum Zweck, denn die Macht
er sucht, um den anderen Menschen
zu befehlen, und ohne Ende sich die
unheilvolle Schraube dreht, bis erreicht
ist das Ziel ganz oben

Von oben zu befehlen über Massen in
uneingeschränkter Kontrolle und Macht,
wie der Mächtigste Engelfürst
es einst hat gewagt,
doch Sturz in die tiefsten Tiefen
ihm beschieden war

Sein wie Gott war die Parole des Bösen
und ist es geblieben bis heute, denn der
Geist des gefallenen Engels denjenigen
zu treiben beginnt, der sich nicht hält
an Gott und Seine Gebote

Jesaja 14,12-13
12. Wie bist du vom Himmel gefallen, du schöner
Morgenstern:
Wie bist du zur Erde gefällt, der du die Heiden
schwächtest:
13. Gedachtest du doch in deinem Herzen:
Ich will in den Himmel steigen
und meinen Stuhl über die Sterne
Gottes erhöhen.

Wisset ihr nicht?

Wissen und Macht über Dinge und
Gesetze oft nur sind gefragt in dieser
Welt, denn beide sie kostbar sind
im rechten Gebrauch

Das Kreisen der Gedanken um
Sichtbares das Leben bestimmt, und
somit die Verengung der Sicht des
Daseins beginnt

Spielend das Kind sich bewegt in
dieser Welt, und im Staunen die
Sterne und Wolkengebilde am
Himmelszelt es erkennt, sodass
ganz andere Bilder in seinen Gedanken
sich beginnen zu gestalten

Märchenfiguren und Geschichten
aus verborgenen Welten das
kindliche Herz faszinieren, und
offenen Sinnes es sich manches
mitnimmt für sein späteres Leben

Wissen um Bedeutung und Sein in dieser
Welt das Menschenkind möchte finden,
um zu gehen in Gewissheit und Kraft
des Herzens auf seinem Lebenspfad

Doch nicht immer ihm dieses gelingt,
und oft auch durch Mütter und Väter
es ihm wurde versagt, da diese ebenso
niemals mit aufrichtigen Herzen
nach dem Sinn ihres Lebens
haben gefragt!

Lukas 9,55
Jesus aber wandte sich um und bedrohte sie
und sprach: Wisset ihr nicht, welches
Geistes Kinder ihr seid?

Wegbereiter

Verzehrendes Feuer von Liebe
in heiliger Glut unseres Gottes sich
naht dem alten Planeten.

Und in gewaltigen Detonationen
der Böse in glühendem Hass sich
erhebt, um zu behalten das, was
in seinem Besitz er wähnt.

Gut und Böse sich begegnen,
und in Erhabenheit der Mensch
in Heiligem Geiste es nur erkennt,
dass niemals das Böse wird siegen.

Denn wie könnten die niedrigen
Werke von Zerstörung das Letzte
sein, da selbst über Bergen von
Müll das herrlichste Grün
irgendwann wird wieder beginnen
zu sprießen?

Vernichtung unter Schreien der
gemarterten Seelen nur möglich war
im Verdichten von Wolken finsterer
Macht, und nur Herzen,
die vom Geiste Gottes beseelt und
getrieben, dennoch eine blühende
Stätte in steiniger Wüste erstehen ließen.

Fingerzeig Gottes sich mahnend
erhebt über Seinem Volk Israel,
zum Zeugnis für die Nationen,
denn Erlösung vom Bösen immer
wieder nur geschehen wird unter
mächtigen Kämpfen und Ringen.

Darum wie gewaltige Wegbereiter
die Werke von Zerstörung sind
für das Kommen unseres Gottes,
der erscheinen wird, so wie es
geschrieben steht, um endlich für
immer den Frieden in Seine verlorene
Welt zu bringen.

Sacharja 14,5+9
5. Und ihr werdet fliehen, wie ihr vor
dem Erdbeben geflohen seid in den
Tagen Usijas, des Königs von Juda.
Dann wird der HERR, mein Gott,
kommen und alle Heiligen mit ihm.
9. Und der HERR wird König sein
über die ganze Erde; an jenem
Tag wird der HERR einzig
sein und sein Name einzig.

Werke des Allerhöchsten

Gott schuf den Menschen Ihm zum
Bilde – ein wunderbares Wort!

Und wie ein Grundkapital des Lebens
das Bewusstsein von Herrlichkeit in
jedem Leben sich von Anfang an findet.

Herrlichkeit in Einheit des Schöpfers
mit Seinem Geschöpf das eine,
große und wahre Ziel gewesen ist.

Herrlichkeit aus Kraft des Schöpfers
in nimmermüdem und schlafendem
Geist die Erde sich drehen lässt, und
in gleicher Kraft die Geschöpfe sich
bewegen.

Herrlichkeit des Menschen ebenso
wird von diesem erstrebt, denn der
Wunsch tief im Herzen des Menschen
verborgen liegt,
sodass sein Name möge erstrahlen über
alle Generationen und Zeiten.

Doch wie kann das Gedächtnis des
Menschen als Vorbild bleiben in dieser
Welt, wenn es neue Zerstörung nur mit
sich bringt?

Große Namen – gebunden an böse Taten –
zum Abscheu und als Warnung sie uns
verblieben sind!
Große Werke – aus dem Geiste Gottes
gewirkt – oft nur der forschende Blick
und ein reines Herz erkennen.

Römer 13,3
Die Gewaltigen sind nicht den guten
Werken, sondern den bösen zu fürchten.

Wissen und Offenbarung

Streben nach Wissen zu allen Zeiten
die höheren Ziele des Menschen
gewesen sind.

Und je mehr er zu erfassen vermochte
die Gesetze des Planeten, umso gewisser
ihm wurde die Erkenntnis, dass
niemals das Ende von Wissen er
jemals erreichen wird.
Denn unerforschlich das Wissen in
unserer Welt sich verbirgt hinter
unendlichen Horizonten.

Doch Wissen dieser Welt nur ein Teil
allen Wissens kann sein, denn was
im Innern sich des Menschen befindet,
als paralleles Wissen sich in seinem
Leben verbirgt.

Wissen über Dinge und Personen bis
in die tiefsten Tiefen geschieden sind,
denn den Maßstab von Dingen an
Menschen zu legen, uns niemals das
Erkennen ihres Wesens bringt.

Wissen um einen Menschen nur dann
geschehen kann, wenn dieser
sich uns offenbart.

Darum der Geist unseres Gottes, der über
allem steht und wirkt, als Alpha und Omega
sich uns naht im Öffnen der Herzen, sodass
tief in sich selbst Seine Kinder in dieser
Welt zu erfassen vermögen, dass Er
nur im Geiste sich einem jeden offenbart.

Matthäus 11,27
Alle Dinge sind mir übergeben von meinem Vater.
Und niemand kennet
den Sohn denn nur der Vater; und niemand
kennet den
Vater denn nur der Sohn, und wem es der
Sohn will offenbaren.

Worte aus dem Feuer

Reden unseres Gottes in großer Kraft
sich in den Herzen Seiner Kinder
manifestiert

Und wie mit Griffeln aus Feuer Sein
Wille sich findet tief im Innersten
der Herzen Seiner Kinder graviert

Sodass Klarheit und Orientierung
beginnen, in diesem Leben in Wahrheit
zu geschehen

Pläne und Ziele der Ewige Gott hat
immer wieder verfolgt mit Menschen
in dieser Welt

Und die Gewaltigen aller Zeiten
sich vergeblich erhoben gegen Seine
Majestät

Feuer des Ewigen Gottes auch tief im
Schoße des Planeten brennt
und Lava in unfassbarer Wucht
ihm entströmt

Doch die Macht unseres Gottes gewaltiger
als alle Lava muss sein, denn wie ein Funke
nur im Universum
unser Planet Erde einem
jeden Betrachter des Himmels
erscheint

Jeremia 17,1
Die Sünde Judas ist geschrieben
mit eisernen Griffeln
und mit spitzigen Demanten
geschrieben
und auf die Tafel ihres
Herzens gegraben.

Worte ewigen Lebens

Wie ist es möglich Herr, dass Worte
es gibt, welche ewiges Leben mir
schenken?

Denn ist nicht alles sichtbar Gewordene
nur von wahrem Wert vor Menschen
und Gott, geachtet zu sein?

So sagen es Menschen dieser Welt,
und sie nicht erkennen, dass du
Selbst bist das Wort im Fleisch,
gekommen, um auch in ihre Herzen
zu kehren ein.

Unsichtbar und ewig die Liebe ist,
und jeder Mensch sich nach ihr
sehnt, und niemals sie sichtbar
geworden ist – außer Herr, nur in dir!

Ewiges Leben, gebettet in deiner
Liebe ewiger Kraft und Gegenwart,
dies nur allein
kann für alle Menschen in dieser Welt
die eine Wahrheit des Lebens sein!

Johannes 1,14
Und das Wort ward Fleisch und wohnte
unter uns, und wir sahen
seine Herrlichkeit, eine Herrlichkeit als des
eingeborenen Sohnes vom Vater,
voller Gnade und Wahrheit.

Würde des Menschen

Die Ewigen Gesetze Gottes in dieser
Welt gegründet sind, in Völkern, die
nach Ihm fragten, als Er begann, sich in
Seinem Wort auch unter ihnen zu
offenbaren

Unantastbar die Würde des Menschen
in Gesetzen verankert ist, und wie
die Anker von Schiffen diese so manches
Mal die wahren Retter von Leben sind

Geist und Liebe verströmt unser Gott
in diese Welt hinein, und in Omnipräsenz
Sein Geist ist bestrebt, zu versorgen die
Völker noch heute

Doch Feindschaft gegen Ihn und Sein
Wort sich erhebt wie zu allen Zeiten,
und Menschen werden als Folge
gequält und beraubt der Würde
ihres Lebens

Denn Knechtschaft unter verachtender
Herrschaft ihr Schicksal dann ist, und Tränen
der Trauer des Herzens sie
immer wieder vergießen

Menschenwürde und Geist des wahren
Gottes in Jesus Christus sich offenbart,
und selig, wer Seine Botschaft und Liebe
zu den Menschen in Ehrfurcht und Achtung
des Herzens bewahrt

Johannes 3,17
Gott hat seinen Sohn nicht gesandt in die Welt,
dass er die Welt
richte, sondern dass die Welt durch
ihn selig werde.

www.tredition.de

Über tredition

Der tredition Verlag wurde 2006 in Hamburg gegründet. Seitdem hat tredition Hunderte von Büchern veröffentlicht. Autoren können in wenigen leichten Schritten print-Books, e-Books und audio-Books publizieren. Der Verlag hat das Ziel, die beste und fairste Veröffentlichungsmöglichkeit für Autoren zu bieten.

tredition wurde mit der Erkenntnis gegründet, dass nur etwa jedes 200. bei Verlagen eingereichte Manuskript veröffentlicht wird. Dabei hat jedes Buch seinen Markt, also seine Leser. tredition sorgt dafür, dass für jedes Buch die Leserschaft auch erreicht wird.

Autoren können das einzigartige Literatur-Netzwerk von tredition nutzen. Hier bieten zahlreiche Literatur-Partner (das sind Lektoren, Übersetzer, Hörbuchsprecher und Illustratoren) ihre Dienstleistung an, um Manuskripte zu verbessern oder die Vielfalt zu erhöhen. Autoren vereinbaren unabhängig von tredition mit Literatur-Partnern die Konditionen ihrer Zusammenarbeit und können gemeinsam am Erfolg des Buches partizipieren.

Das gesamte Verlagsprogramm von tredition ist bei allen stationären Buchhandlungen und Online-Buchhändlern wie z. B. Amazon erhältlich. e-Books stehen bei den führenden Online-Portalen (z. B. iBook-Store von Apple) zum Verkauf.

Seit 2009 bietet tredition sein Verlagskonzept auch als sogenanntes "White-Label" an. Das bedeutet, dass andere Personen oder Institutionen risikofrei und unkompliziert selbst zum Herausgeber von Büchern und Buchreihen unter eigener Marke werden können.

Mittlerweile zählen zahlreiche renommierte Unternehmen, Zeitschriften-, Zeitungs- und Buchverlage, Universitäten, Forschungseinrichtungen, Unternehmensberatungen zu den Kunden von tredition.

Unter www.tredition-corporate.de bietet tredition vielfältige weitere Verlagsleistungen speziell für Geschäftskunden an.

tredition wurde mit mehreren Innovationspreisen ausgezeichnet, u. a. Webfuture Award und Innovationspreis der Buch-Digitale.

tredition ist Mitglied im Börsenverein des Deutschen Buchhandels.